Big Data and Humanities

빅데이터와 인문학

오연희 저

홍릉과학출판사

차례

1. 강의자료 및 교육콘텐츠

〈1주차 강의 노트 및 PPT〉

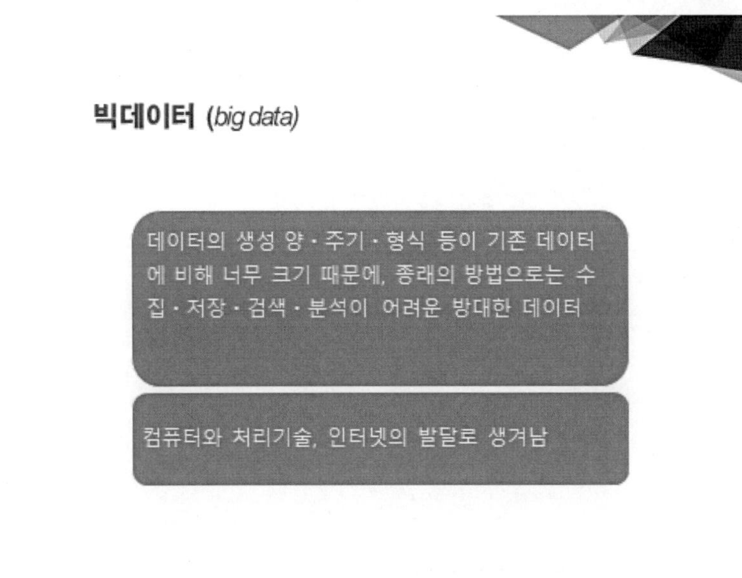

빅데이터와 나

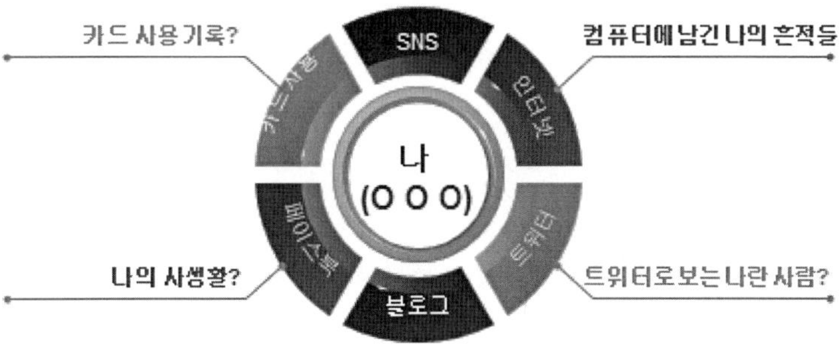

질의 및 응답

〈2주차 강의 노트 및 PPT〉

세상의 변화와 빅데이터 혁명의 의의(빅데이터 정의)

〈2주차 강의 노트 및 PPT〉

〈빅데이터와 인문학〉 2주차 강의노트 세상의 변화와 빅데이터 혁명의 의의(빅데이터 정의)

▣ "빅데이터"가 차세대 구글(Google)

2008년 과학저널「네이처Nature」: 향후 10년 안에 세상을 바꿀 가장 중요한 기술로 빅데이터를 꼽았다.("인터넷 이후 세상에 가장 큰 영향을 미칠 것으로 기대되는 것이 빅데이터이다.") 다양한 예측들이 있었음에도 불구하고 빅데이터는 차세대 구글(Google)이 될 것으로 예측되었으며, 지금 점차 현실이 되고 있다.

▣ 데이터 전쟁

세상에 데이터 정보는 넘쳐나고 있다. 기업 간의 전쟁을 비롯해 정치 · 경제 · 사회 · 문화 등 여러 분야 간의 전쟁이 데이터 정보와의 전쟁으로 변하고 있다. 주위에 널려 있는 수많은 데이터 정보로부터 누가 더 빨리 유용한 통찰력과 지식을 찾아내느냐의 싸움이 시작

▣ "빅데이터"의 시대

기업의 경우 데이터를 활용하는 면에서 차이가 나면 결국 경쟁력에서도 차이가 난다. 과학 분야에서도 데이터가 없으면 더 이상 의미 있는 발견은 어렵다. 과학은 실물의 세상이 아니라 실물에서 파생되는 데이터를 연구하기 때문이다. 사회문화 또한 마찬가지이다. 사회 문화가 실제로 이루어지는 실물 세상이 아니라 사회 내에서 파생되는 각종 현상, 원인, 결과 행태, 선호도, 취향 등의 데이터가 싸움을 해야 할 대상이 되고 있다. 특히, 기업의 경우 시장도, 경쟁사도, 고객도, 제품도, 서비스도 데이터로 존재할 때 의미 있는 시대가 빅데이터 시대이다. 그러므로 데이터는 누가, 어디에, 어떻게 활용하느냐에 따라 그 가치가 결정된다. 더욱이 수많은 데이터 중에 그것을 분석하고 해석할 수 있는 능력이 중요하며, 이미 통계적으로 산출된 데이터라 할지라도 그 데이터를 읽고 활용할 수 있는 능력이 중요하게 요구되는 시대가 되었다.

▣ 빅데이터 혁명

_______의 등장은 혁명으로 표현된다. 왜냐하면 우리 생활과 산업 전반에 영향력을 행사하고 있기 때문이다. 빅데이터는 정보통신 기술을 기반으로 형성된다. 또한 각종 통계 기법, 분산 병렬 컴퓨터 기술 등이 복합적으로 결합된다.

빅데이터는 많은 양의 데이터를 의미하는 것이 아니다. 빅데이터 기술은 대량의 데이터를 모으고, 모든 데이터를 분석하는 기술이다. 빅데이터 분석은 통계 기법을 활용해 의미를 ________하고 ______하는 것이다. 머니볼Moneyball 이론은 빅데이터 분석과 기술의 대표적 사례이다.

▣ 빅데이터의 어원과 의미

2012년 IT 업계에서 가장 주목받은 키워드가 '빅데이터'이다.

2010년 미국과 유럽의 「이코노미스트The Economist」 특집 : "The data deluge" – 데이터 대홍수, 데이터 범람, 대량의 데이터

2011년 일본 「맥킨지 글로벌 인스티듀트MGI」 보고서 : 「빅데이터: 혁신, 경쟁, 생산성을 위한 차세대 프론티어」

→ '빅데이터'가 무엇인지 확실하게 정의를 내리고 있지 않음

미국 및 유럽 IT 업계의 빅데이터에 대한 정의

– "빅데이터란 기존의 일반적인 기술로는 관리하기 곤란한 대량의 데이터군이다."로 정의

i) 관계형 데이터베이스로는 관리할 수 없는 복잡한 구조의 데이터

ii) 데이터양(볼륨)이 증가해서 데이터에 대한 질의 응답시간이 허용범위를 넘는 상태를 가져오는 방대한 데이터

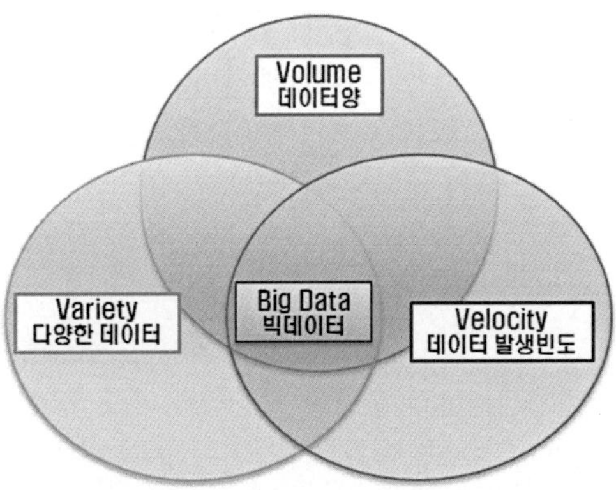

▣ 빅데이터의 특성

'빅데이터' = '대량의 데이터'라는 인상은 빅데이터에 대한 오해

데이터양은 어디까지나 빅데이터의 한 측면일 뿐이다.

빅데이터의 특성은 V3로 시작하는 세 가지 키워드로 나타낼 수 있다.

〈빅데이터의 3V 특성〉

1) 데이터양(Volume)

'빅데이터'라 하면 일반적으로 볼륨, 곧 데이터양을 생각하게 된다. 그런데 빅데이터의 정의로 본다면 기존 기술로는 관리할 수 없는 데이터양으로 현재는 수십 테라바이트에서 수 페타바이트 정도라 한다. 기술이 진화함에 따라 이 수치는 변한다. 지금부터 5년 후에는 수 엑사바이트 정도가 빅데이터로 불리게 될 것이다.

테라바이트 10의 12승, 페타바이트 10의 15승, 엑사바이트 10의 18승

2) 다양성(Variety)

기업의 판매 데이터나 재고 데이터, 웹 로그 데이터, 콜센터 통화 이력, 트위터나 페이스북과 같은 소셜 미디어 안의 텍스트 데이터, 휴대전화나 스마트폰에 내장된 GPS에서 발생하는 위치정보, 시시각각 생성되는 센서 데이터 등 다양한 데이터가 생성 중에 있다. 더욱이 이미지, 동영상 등 기업이나 기관이 수집하고 분석해야 할 데이터의 종류는 큰 폭으로 늘어나고 있다. 최근 급증하고 있는 데이터는 인터넷 상의 텍스트 데이터, 위치정보, 센서 데이터, 이미지, 동영상과 같은 데이터이다. 기존의 데이터가 관계형 데이터에만 국한되었던 것이 이제는 다루기 어려운 구조화되지 않은 데이터(비구조화 데이터)의 종류들로 확장되고 있는 추세이다. 이러한 추세에 미국 기업들은 빠르게 적응하면서 빅데이터를 단순히 축적만 하지 않고 분석함으로써 유용한 지식을 얻으려는 경향이 강해진 것이다.

예 감시카메라의 영상 데이터 : 도난 방지나 범죄가 발생했을 때 범인을 잡는 용도로만 사용 → 최근 감시카메라는 고객의 구매 행동을 관찰하고 분석해서 기업의 매출을 증가시키는 용도로도 사용된다. 대표적인 예로 미국의 대형 할인 판매점인 패밀리 달러 스토어즈, 고급 필기 용구 제조업체 몽블랑, 미국의 이동통신사 T모바일 등은 감시카메라의 동영상을 관찰하고 데이터를 축출해서 고객의 구매 행동을 분석해, 이를 기업에 활용한 대표적인 기업들이다.

3) 속도(Velocity)

속도는 데이터의 발생 빈도와 갱신 빈도를 보여주는 것으로써 빅데이터의 중요

한 특성 중의 하나이다. 속도는 데이터의 변화와 축적, 분석 속도를 의미하는데 데이터의 변화 속도에 비해서 더 빠른 결정이 이루어지는 것을 말한다. 이러한 데이터의 축적과 변화의 속도는 데이터의 축적, 변화에 대한 실시간 분석과 반응으로 읽혀진다. 가령, 교통 IC 카드로부터 생성되는 승하차 이력 데이터와 전자화폐 결제(스마트폰을 이용한 결제) 이력 데이터가 좋은 예가 될 것이다. 교통 IC 카드는 점포에서의 구매 이력은 물론이고 전철, 버스의 승차 이력을 파악하게 함으로써 회원의 속성을 분석할 수 있게 한다. 예를 들어, '20대 여성은 2호선을 타고 강남역에 도착해 전철역사 안에서 쇼핑하는 경향이 강하다.' '50대 남성은 4호선을 타고 OO역에 도착해도 전철역사 안에서 쇼핑을 하지 않는다.' 처럼 회원 행동을 깊이 분석할 수 있다.

※ 또 하나의 특성 : 가변성(Variability)

가변성이란 데이터의 변동성을 의미한다. 데이터는 고정된 패턴으로 축적되며, 특정 규격이나 형식을 갖고 있다. 하지만 많은 옵션과 변수에 의해 분석과 해석이 쉽지 않다. 따라서 가변성은 많은 옵션과 다양한 변수로 인해 일정한 데이터로 분석되고 해석되지 않는 상황을 말한다.

빅데이터의 4V는 상호 관계 속에서 그 특성이 드러난다. 데이터양과 속도는 반비례 관계로서 데이터양이 커지고, 데이터 종류와 다양성이 증가될 때 속도는 낮아진다. 반면에 속도가 빠를수록 데이터양에서 전통적인 데이터(관계형 데이터)양은 작아지고 가변성은 높아진다.

▣ 넓은 의미의 빅데이터

1) 협의의 정의 : '기존의 일반적인 기술로 관리하기 곤란한 대량의 데이터군'

2) 넓은 의미의 빅데이터란 : V3(데이터양, 다양성, 속도)와 가변성의 측면에서 관리가 곤란한 데이터 및 그 데이터를 축적 · 처리 · 분석하는 기술, 나아가 그 데이터를 분석해서 유용한 의미와 통찰을 이끌어낼 수 있는 인재와 조직을 포함하는 포괄적인 개념

빅데이터와 인문학
Professor Ph. D Oh, Yeonhee
Tel 829-7499 Mobile 010-7769-9392
E-mail baturo@hanmail.net
목원대학교

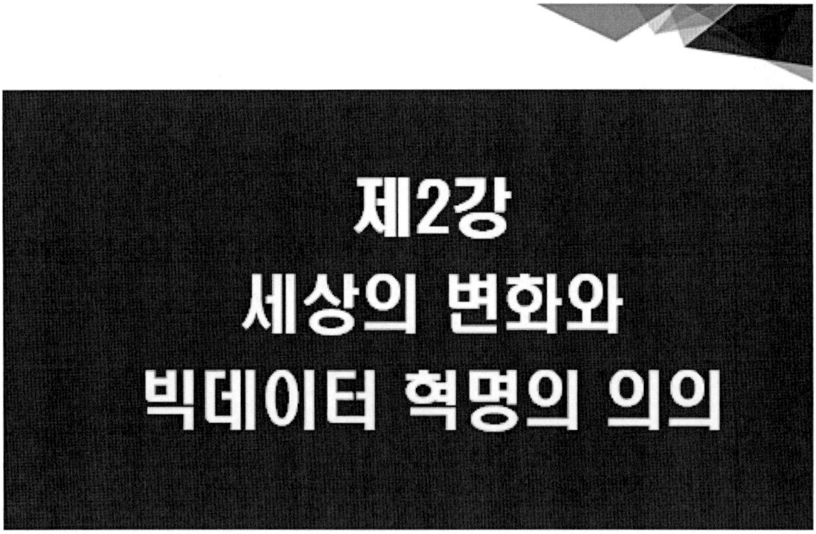
제2강
세상의 변화와
빅데이터 혁명의 의의

Today 학습 목표

- 오늘의 시대가 왜 빅데이터의 혁명 및 시대인가를 이해한다.
- 빅데이터가 생성하는 스마트한 환경의 변화를 이해한다.
- 빅데이터의 어원과 의미를 이해한다.

빅데이터가 차세대 구글

2008 과학저널 『네이처Nature』

그럼 왜 빅데이터인가?

빅데이터는 차세대 구글(Google)이 될 것으로 예측
⇒지금 점차 현실화

데이터 전쟁

정보화 사회

데이터 정보와의 전쟁

기업을 비롯해 정치, 경제, 사회, 문화 등 여러 분야 간의 전쟁이 데이터 정보와의 전쟁으로 변하고 있음

빅데이터의 시대

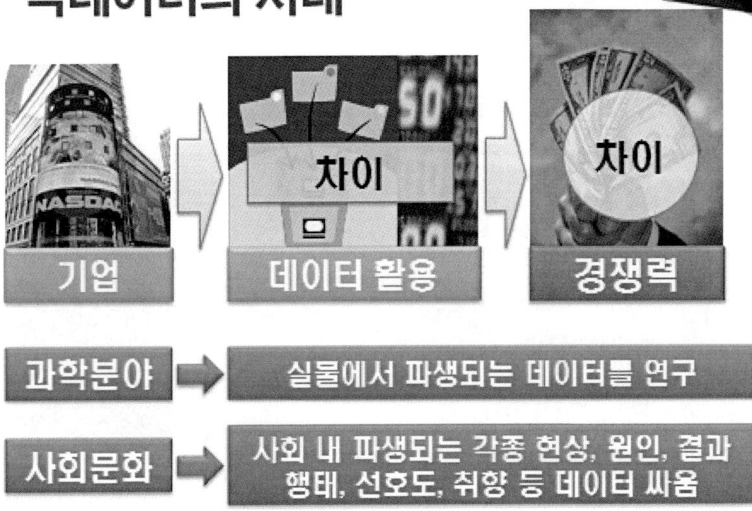

빅데이터의 시대

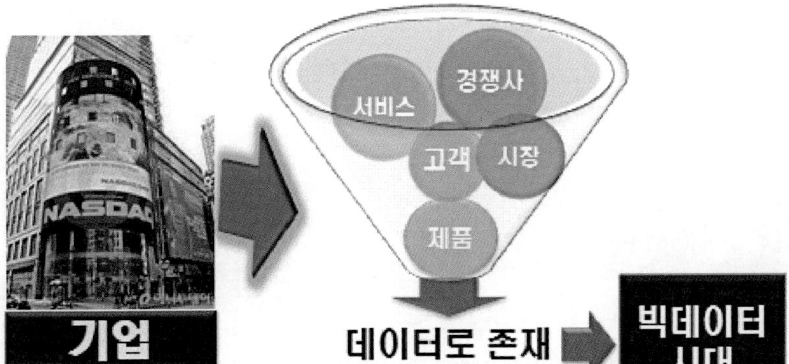

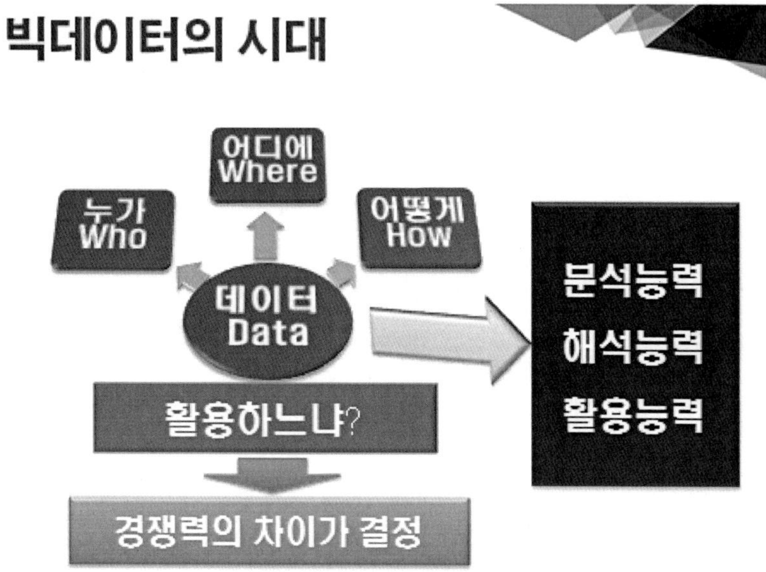
빅데이터의 시대
누가
Who
어디에
Where
어떻게
How
데이터
Data
활용하느냐?
경쟁력의 차이가 결정
분석능력
해석능력
활용능력

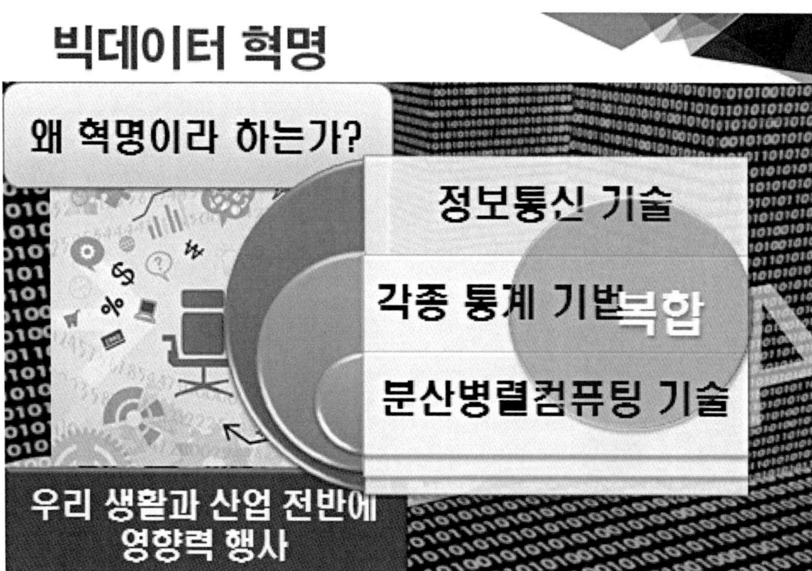
빅데이터 혁명
왜 혁명이라 하는가?
정보통신 기술
각종 통계 기법
복합
분산병렬컴퓨팅 기술
우리 생활과 산업 전반에
영향력 행사

빅데이터 혁명

빅데이터 혁명

빅데이터 분석과 기술의 대표적 사례

"오클랜드의 구단주 빌리 빈은 '머니볼 이론'으로 불리는 빅데이터 분석을 통해 만년 하위권에 머물던 팀을 정상권으로 도약시켰다. 그는 타자들의 데이터를 분석하는 과정에서 출루율과 장타율이 종래에 각광받던 홈런, 타율, 타점보다 승리에 더 큰 영향을 미친다는 사실을 발견했다. 그리고 출루율과 장타율을 중심으로 선수들을 구성한 결과, 메이저리그 최고인 20연승의 대기록을 작성할 수 있었다."

빅데이터의 어원과 의미

2012 IT업계 "빅데이터"

- IT업계에서 가장 주목받는 키워드

2010 미국,유럽 『The Economist』

- The data deluge : 데이터 대홍수, 데이터 범람, 대량의 데이터

빅데이터의 어원과 의미

2011 일본 『맥킨지 글로벌 인스티듀트 MGI』 보고서

- 빅데이터 : 혁신, 경쟁, 생산성을 위한 차세대 프론티어

"빅데이터" 가 무엇인지 확실하게 정의 내리지 않고 있음

빅데이터의 어원과 의미

미국 및 유럽 IT업계의 정의

"빅데이터란 기존의 일반적인 기술로는 관리하기 곤란한 대량의 데이터군이다." 로 정의

- 관계형 데이터베이스로는 관리할 수 없는 복잡한 구조의 데이터
- 데이터양[Volume]이 증가해서 데이터에 대한 질의 응답시간이 허용범위를 넘는 상태를 가져오는 방대한 데이터

빅데이터의 특성

빅데이터의 특성

세 가지 키워드 : V3

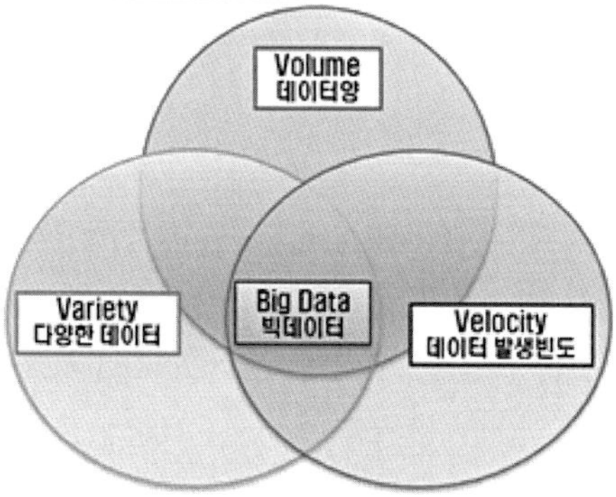

빅데이터의 V3 특성

빅데이터의 특성

데이터양(Volume)

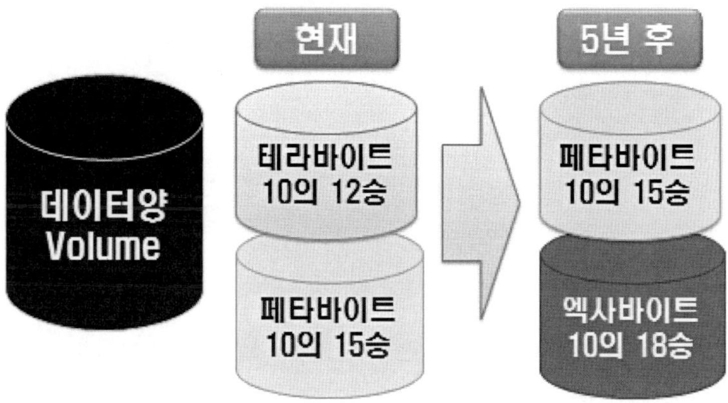

빅데이터의 특성

다양성(Variety)

빅데이터의 특성
다양성(Variety)
다양한 데이터가 생성 중
소셜 미디어의
텍스트 데이터
센서 데이터
휴대전화
스마트폰GPS 위치정보

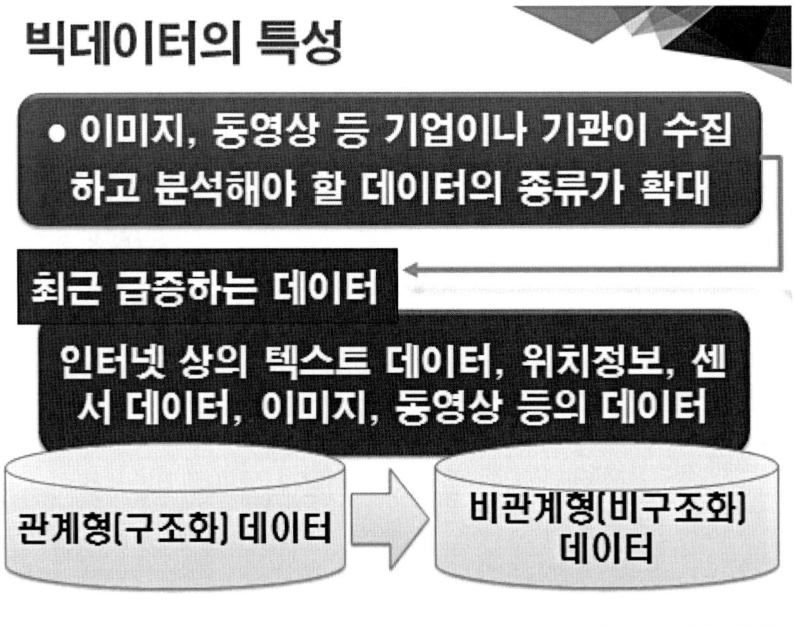
빅데이터의 특성
• 이미지, 동영상 등 기업이나 기관이 수집
하고 분석해야 할 데이터의 종류가 확대
최근 급증하는 데이터
인터넷 상의 텍스트 데이터, 위치정보, 센
서 데이터, 이미지, 동영상 등의 데이터
관계형(구조화) 데이터
비관계형(비구조화)
데이터

빅데이터의 특성

속도(Velocity)

데이터의 발생 빈도, 갱신 빈도

데이터의 변화와 축적, 분석 속도를 의미

데이터의 변화 속도에 비해 빠른 결정

빅데이터의 특성

또 하나의 특성 4V

가변성(Variability)

데이터의 변동성을 의미

데이터

- 고정된 패턴으로 축적, 특정 규격이나 형식을 갖고 있음

그런데

- 많은 옵션과 다양한 변수로 인해 일정한 데이터로 분석되고 해석되지 않음

빅데이터의 특성

데이터양

Data

속도

데이터 양과 속도는 반비례 관계

- 데이터양이 커지고 데이터 종류와 다양성이 증가될 때 속도는 낮아진다.

- 속도가 빠를수록 데이터양에서 전통적인(관계형 데이터)양은 작아지고 가변성은 높아진다.

넓은 의미의 빅데이터

협의의 의미

기존의 일반적인 기술로 관리하기 곤란한 대량의 데이터군

광의의 의미

V3(데이터양, 다양성, 속도)와 가변성의 측면에서 관리가 곤란한 데이터 및 그 데이터를 축적 · 처리 · 분석하는 기술, 나아가 그 데이터를 분석해서 유용한 의미와 통찰을 이끌어낼 수 있는 인재와 조직을 포함하는 포괄적인 개념

〈3주차 강의 노트 및 PPT〉

빅데이터와 인문학

— 빅데이터의 특성과 인문학적 관점

〈3주차 강의 노트 및 PPT〉

3주차 강의노트: 빅데이터와 인문학

▣ 왜 지금 빅데이터인가?

① 빅데이터의 대중화

데이터양의 관점에서 본다면 빅데이터는 이전부터 존재해왔다.

예

- 비행기의 (　　　　　　) – 운항정보 데이터 생성, 세계 각지 매일 25,000대 이상 운항
- 바이오테크놀로지 분야의 (　　　　　　) 분석
- NASA(미국항공우주국)를 중심으로 한 우주개발 분야 – 고가의 고성능 슈퍼컴퓨터를 이용한 방대한 데이터 분석처리

이전과 다른 점

- 빅데이터가 특수한 영역뿐만 아니라 (　　　　)과 밀접한 환경에서 만들어지게 된 것.
- 페이스북이나 트위터 등 소셜미디어의 텍스트 데이터가 대표적
- 스마트폰의 보급 : API(애플리케이션)를 이용한 데이터 수집 – 닮은 꼴 애플리케이션

② 하드웨어 가격성능비 향상, 소프트웨어 기술의 진화

컴퓨터의 가격성능비 향상과 저장장치 가격의 하락, 범용 서버에서 대량의 데이터를 고속으로 처리할 수 있는 소프트웨어 기술인 '하둡'의 등장, 클라우드 컴퓨팅의 등장

→ 빅데이터를 축적 · 처리하는 기술의 보편화 : 대량 데이터의 정밀 분석을 큰 비용이나 시간을 들이지 않고도 할 수 있는 길이 열림.

• 대규모 데이터 분산처리 기술 '하둡'의 등장

범용 서버에서 실행할 수 있는 오픈 소스 분산병렬처리 기술인 '하둡'의 등장은 현재 빅데이터 붐을 일으킨 첫 번째 요인이다. 하둡의 가장 큰 특징은 대량의 비구조화 데이터를 모아 고속으로 처리할 수 있다는 점이다.

③ 클라우드 컴퓨팅의 보급

클라우드 컴퓨팅이 보급되고 보편화되면서 빅데이터 처리 환경을 직접 준비할 필요가 없어졌다는 점.

– 아마존의 클라우드 컴퓨팅 서비스인 EC2(Elastic compute cloud)나 S3(simple storage service)를 사용하면 대규모 데이터 처리 환경을 직접 구축하지 않더라도 종량제 서비스로 클러스터에 의한 계산처리 환경과 대규모 데이터 축적 환경을 이용할 수 있음.

→ 이런 클라우드 컴퓨팅 환경을 이용하면 자금력이 부족한 벤처 기업이라도 빅데이터 분석이 가능해짐.

– 온라인 광고 회사인 '레이저피시Razorfish', 항공기의 지연 시간을 예측하는 '플라이트캐스터, 소비자 대상으로 전자 제품 가격 인상과 인하를 예측하는 디사이드닷컴 등

▣ 빅데이터의 데이터 유형

데이터의 크기만큼이나 빅데이터에서 이슈가 되는 것 중에 하나가 데이터 유형이다. 데이터 유형은 데이터양(volume)보다 더 다양하고 복잡성을 지닌다.
데이터의 유형은 크게 구조화 정도의 수준에 따라 구조화(정형화structured)데이터와 비구조화(준정형화semi-structured)데이터로 분류할 수 있다.

① 구조화(정형화structured)데이터

구조화데이터는 관계형 데이터베이스에서 데이터형식이 정규화되어 있고, 데이터 스키마가 지원되는 것을 의미한다. 구조화된 데이터의 강점은 데이터 간에 연계성을 바탕으로 다양한 데이터 조합을 만들어서, 데이터 정렬과 분석을 쉽고 빠르게 할 수 있다는 점이다.

② 비구조화(준정형화semi-structured)데이터

비구조화데이터는 구조화가 되지 않았거나 구조화할 수 없는 데이터로서 다소

일관성이 없는 데이터 형식이다. 일반적으로 웹사이트에서 사용자에 의해 발생되는 클릭 스트림 데이터가 이에 해당된다. 간단히 말해, 웹사이트에서 발생하는 사용자의 다양한 경험 데이터가 이에 속한다. 따라서 대개 비구조화데이터는 구조화의 형식에 따라 두 가지로 나눌 수 있다.

i) 다소 정형화된 파일이 데이터 속성인 메타데이터를 가지며, 자체적으로 데이터에 관한 서술이 가능한 형태

ii) 데이터베이스 형태는 아니지만 XML 형태로 서술되고, 일정 부분 구조화가 가능한 데이터 형태

– 비구조화된 데이터는 일반 텍스트 기반의 데이터로 분석이 가능한 데이터이다.

– 텍스트화되지 않은 데이터로는 이미지 파일과 동영상과 같은 멀티미디어 데이터가 있다.

– 대부분의 데이터는 조직화, 비구조화 되어 있다. 현재 빅데이터에서는 데이터 구조화를 위해 이전 데이터의 구조화를 위한 다양한 방식으로 전환하려는 시도를 하고 있다.

– 센서 데이터, 웹 로그 파일, 클릭스트림, 소셜 네트워킹 피드, 이메일 등

– 구조화된 데이터는 데이터베이스와 데이터웨어하우스로 사용되면서 다중 구조화되고 그 범위를 확대해 가면서 데이터의 다양한 형식을 수렴하는 패러다임의 전환이 일어나고 있다.

▣ 빅데이터 분석의 인문학적 관점

세상을 뒤바꾼 위대한 진전은 종종 우연한 발견에서 비롯되었다. 기업 3M의 대명사가 된 (   )이 바로 대표적인 경우이다. 강력한 접착제를 목표로 실험을 하던 도중에 정반대로 매끄럽게 떨어지면서 여러 번 붙였다. 떼었다 할 수 있는 접착제가 탄생한 것이다. 보관이 편리하고 충격에도 안전한 폭약을 찾다가 용기 틈새로 새어 나온 액체 니로글리세린이 규조토와 섞이는 것을 보고 (   ) 제조법을 발견한 노벨도 마찬가지다. 일본의 시라카와 히데키 또한 자기 밑에 있던 한국인 유학생이 밀리몰(millimole) 단위를 몰(mole) 단위로 잘못 읽어 촉매제의 양을 원래보다 1,000배나 더 넣는 바람에 '전기가 통하는 플라스틱'을 발견해 2000년 노벨 화학상을 받았다. 이처럼 어떤 일에 몰입하다가 우연히 이루어지는 큰 발견을 (   )라고 한다.

그런데 이러한 우연을 단순한 '행운'과 동일시해서는 안 된다. 이들 발견이 예기치 않은 갑작스러운 순간에 찾아왔을지언정, 그 이면에는 헤아릴 수 없는 광대

한 가능성을 두려워하지 않고 발견을 위해 기울여온 열정과 노력이 있었다.

그렇다면 오늘날 우리에게 미지의 광대한 발견의 가능성을 열어주는 대양과 같은 존재는 무엇일까? 감히 빅데이터가 그런 존재라 말할 수 있다. 디지털 공간과 스마트 환경의 발달로 데이터의 바다가 넘실거린다. 소셜 미디어의 각종 텍스트, 비구조화된 엄청난 양의 데이터는 새로운 기회와 발견의 가능성을 높여주고 있다. 기회는 현재 누구도 알지 못하고 있을 뿐, 이미 빅데이터 속에 존재하고 있기에 누가 좀 더 과감한 탐구정신과 도전으로 그것을 찾아내느냐가 문화 산업 차별화의 핵심이 될 것이다. 콜럼버스의 발견도 혹자는 이미 존재하고 있던 신대륙을 서방 세계에 알린 것뿐이라고 폄하할 수 있겠지만, 그 의미는 결코 작지 않다. 빅데이터에서도 발견의 기회는 이미 그 안에 존재하고 있으며, 이를 누가 어떻게 찾아 외부에 적절한 형태와 내용으로 알리느냐가 큰 의미를 가진다. 결국 사람들이 빅데이터에 열광하는 이유는 현재의 가능성뿐 아니라 미래의 가능성을 보았을 때 발견에 의한 커다란 진전이 문명의 역사에서도 일어날 수 있기 때문이다. 빅데이터 시대에는 저렴한 비용과 수고 없이도 위대한 발견이 가능하다. 누구나 손쉽고 저렴하게 콜럼버스가 될 수 있는 곳이 빅데이터 세상이다.

● 조별토론 : 빅데이터로 보는 우리가 사는 세상

1) 기사로 읽는 〈빅데이터와 우리 세상〉

[S 스토리] 빅데이터 시대…세상을 바꾸다

제품 개발에 월드컵 우승팀 · 범죄 예측까지

일상으로…상품으로…정책으로

가공하지 않은 '날것' 정보는 상상을 초월할 정도로 무한하다. 인터넷에 떠도는 데이터 양이 1조기가바이트(GB)에 해당하는 제타바이트(ZB) 시대에 돌입한 지 오래다. 제타바이트는 미국 의회도서관 저장정보의 400만배에 해당한다. 정보통신기술(ICT)이 발달하며 이 무한한 데이터를 가공하고 분석할 수 있게 되면서 '빅데이터 시대'가 본격화했다.

ICT 기업들은 빅데이터를 산업에 활용하기 시작했다. 빅데이터 시장은 구글, 아마존 등 글로벌 인터넷 기업들이 선도하고 있다. 구글은 2011년 '구글 빅쿼리' 서비스에 이어 빅데이터 처리를 수행하는 새 데이터웨어하우스(DW) 시스템을 선보였다.

최근 들어 국내 일부 기업도 모바일과 SNS를 바탕으로 하는 빅데이터를 마케팅 수단으로 활용하지만 미미한 수준에 그치고 있다. 정부 부처들도 빅데이터를 기반으로 한 미래 예측으로 효과적인 정책 마련을 위한 노력을 기울이고 있다.

◆ 일상에 파고든 빅데이터

빅데이터는 이미 일상 곳곳에 파고들었다. 포털사이트 네이버는 빅데이터가 일상으로 들어온 대표적인 예이다. 네이버는 FAS(피드백 분석 시스템)라는 프로그램을 적용해 사용자가 입력한 검색어를 분석해 개인별로 다른 뉴스, 블로그, 이미지 등을 우선 노출시킨다. 뮤직 서비스의 음악 추천 기능과 사용자 그룹별 검색어 등이 대표적인 빅데이터 활용 서비스다.

스마트폰을 이용한 통신사의 내비게이션도 빅데이터를 기반으로 한다. 특히 T맵은 콜택시, 고속버스, 유류운반차량 등에서 보내오는 이동경로, 속도 등을 5분마다 수집해 이를 바탕으로 교통정보를 제공한다. 10년 이상 쌓인 데이터를 통해 요일별, 시간별 교통량을 예측해 좋은 평가를 받고 있다.

기업들은 신제품 출시와 마케팅 전략을 위한 빅데이터 활용에 적극적이다. 기업은 소비자의 심리를 예측해 팔릴 만한 상품을 만들어내는 게 핵심이다. 이 과정에서 빅데이터는 신제품 출시와 마케팅 전략에서 뛰어난 도구 역할을 한다. 대기업들이 빅데이터를 활용한 사업에 뛰어드는 이유다.

삼성그룹은 지난해 미디어솔루션센터 산하에 빅데이터센터를 설립했다. 빅데이터센터는 제품별 소비자 선호도 등을 세밀하게 분석해 신제품 개발에 착수하고 마케팅 전략을 세운다. 삼성전자가 최근 모바일 · 가전 제품의 판매전략을 고급형과 보급형의 '투트랙'으로 진행하는 것도 빅데이터를 기반으로 한다.

SK텔레콤도 빅데이터를 기반으로 다양한 비즈니스 모델을 운영하고 있다. 상권분석 서비스인 지오비전은 이동통신 서비스와 카드 매출 정보를 기반으로 동(洞) 단위의 시간대별, 성별, 연령별 매출 정보는 물론이고 유동인구 분석, 상권 내 구매 패턴 등을 한눈에 살펴볼 수 있도록 한다. 이 같은 정보는 백화점이나 대형마트, 보험사 등의 출점 전략이나 타깃 마케팅에 활용된다.

◆ 미래 예측을 통한 정책 수립까지

빅데이터는 기업 마케팅을 넘어 공공서비스에도 활용되고 있다. 최근에는 정부 정책을 수립하는 데 빅데이터의 중요성이 부각되고 있다. 국가마다 테러, 재난 재해, 질병 등에 선제적으로 대응하기 위해 빅데이터 분석 기법을 사용하고 있기 때문이다.

서울시가 도입한 심야버스 노선 분석은 공공부문 빅데이터 적용 모델의 성공 사례로 꼽힌다. 서울시 교통 데이터와 KT의 통화량 통계 데이터 30억 건을 분석해 당초 서울시가 계획했던 노선의 일부 구간을 변경해 최적의 심야버스 노선을 만들어 냈다.

빅데이터를 범죄 예방과 수사에 활용하기도 한다. 미국 샌프란시스코는 범죄가 발생했던 지역과 유형을 분석해 범죄 가능성을 예측하는 시스템을 운영하고 있다.

우리나라도 빅데이터를 활용한 미래 예측 전략 수립에 본격적으로 착수했다.

미래창조과학부는 지난 27일 '빅데이터 기반 미래 예측 및 전략 수립 지원계획'을 상정해 의결했다. 이를 위해 민·관 전문가 협업체계를 마련해 데이터 기반의 예측·분석 시스템 구축, 시범사업 추진, 지속적인 역량 강화 등을 실천과제로 추진할 계획이다.

미래부는 사회적 관심이 높은 과제에 대해 먼저 시범사업을 진행한 뒤 고령화에 따른 미래 인구구조 변화와 사회문제 예측, 잠재적 재난안전 위협요소의 발굴·경보 예측 결과도 발표할 계획이다.

강성주 정보화전략국장은 "지난 20년간 정보화 성과로 축적된 빅데이터를 기반으로 미래를 예측하고 전략을 세울 수 있게 됐다"며 "이런 활동을 통해 다양한 사회문제를 객관적·과학적으로 풀어내 사회 시스템의 스마트화에도 크게 기여할 것으로 기대한다"고 말했다.

– 《세계일보》, 2014.8.30. –

– 빅데이터의 가치

: 빅데이터가 가져오는 변화에 대해 생각해봅시다.

– 통계로 보는 우리가 사는 세상

: 기사문을 참고로 구체적인 예를 들어봅시다.

제3강
빅데이터와 인문학

Today 학습 목표

- 빅데이터가 인간의 삶에 미치는 영향을 파악해 본다.
- 빅데이터 분석의 의미와 효용성을 인문학적 관점에서 살핀다.

왜 지금 빅데이터인가?

① 빅데이터의 대중화

데이터양의 관점 ⇨ 빅데이터는 이전부터 존재

40,000
(Exabytes)
20,000

- 비행기의 블랙박스 - 운항정보 데이터 생성, 매일 25,000대 이상 운항
- 바이오테크놀로지 분야의 게놈 분석
- NASA(미국항공우주국)를 중심으로 한 우주개발 분야 - 고가의 고성능 슈퍼컴퓨터를 이용한 방대한 데이터 분석처리

왜 지금 빅데이터인가?

이전과 다른 점

왜 지금 빅데이터인가?

② 하드웨어 가격성능비 향상 소프트웨어 기술의 진화

- 컴퓨터의 가격성능비 향상과 저장장치 가격의 하락

- ‘하둡’ 의 등장 : 대량의 데이터를 고속으로 처리하는 소프트웨어 기술
- 클라우드 컴퓨팅의 등장

빅데이터를 축적 · 처리하는 기술의 보편화

왜 지금 빅데이터인가?

대규모 데이터 분산처리 기술 '하둡' 의 등장

오픈 소스 분산병렬처리 기술

현재 빅데이터 붐을 일으킨 첫 번째 요인

하둡의 가장 큰 특징
대량의 비정형화 데이터를 모아 고속으로 처리

지금 왜 빅데이터인가?

③ 클라우드 컴퓨팅의 보급

→ 빅데이터 환경을 직접 준비할 필요가 없어짐

아마존의 클라우드 컴퓨팅 서비스

EC2(Elastic compute cloud) / S3(simple storage service)

대규모 데이터 처리 환경 직접 구축할 필요 없음

종량제 서비스로 클러스터에 의한 계산처리 환경

대규모 데이터 축적 환경을 이용할 수 있음

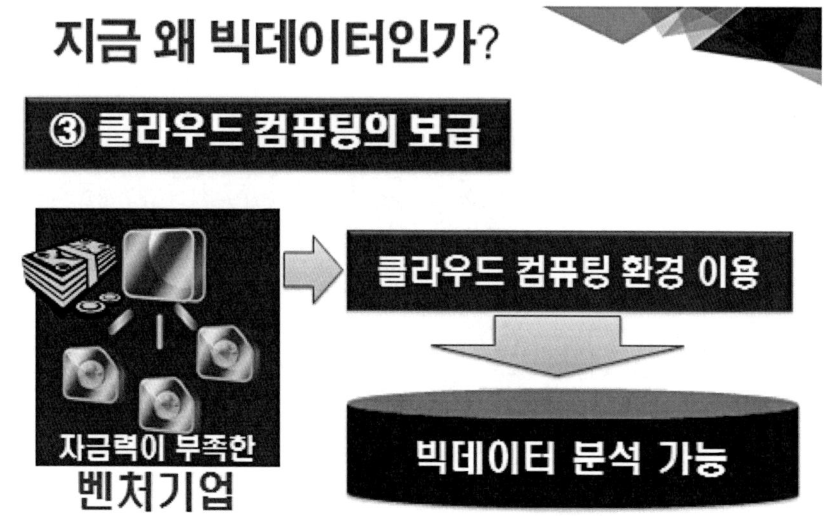
지금 왜 빅데이터인가?
③ 클라우드 컴퓨팅의 보급
자금력이 부족한
벤처기업
클라우드 컴퓨팅 환경 이용
빅데이터 분석 가능

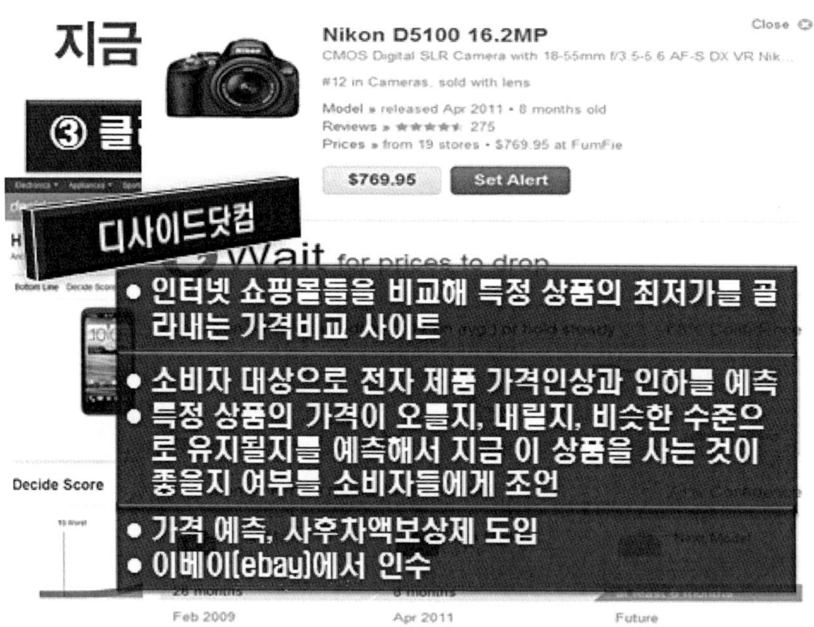
지금
③ 클
Nikon D5100 16.2MP
CMOS Digital SLR Camera with 18-55mm f/3.5-5.6 AF-S DX VR Nik...
#12 in Cameras, sold with lens
Model » released Apr 2011 • 8 months old
Reviews » 275
Prices » from 19 stores • $769.95 at FumFie
$769.95
Set Alert
Close
디사이드닷컴
● 인터넷 쇼핑몰들을 비교해 특정 상품의 최저가를 골라내는 가격비교 사이트
● 소비자 대상으로 전자 제품 가격인상과 인하를 예측
● 특정 상품의 가격이 오를지, 내릴지, 비슷한 수준으로 유지될지를 예측해서 지금 이 상품을 사는 것이 좋을지 여부를 소비자들에게 조언
● 가격 예측, 사후차액보상제 도입
● 이베이(ebay)에서 인수
Decide Score
Feb 2009
Apr 2011
Future

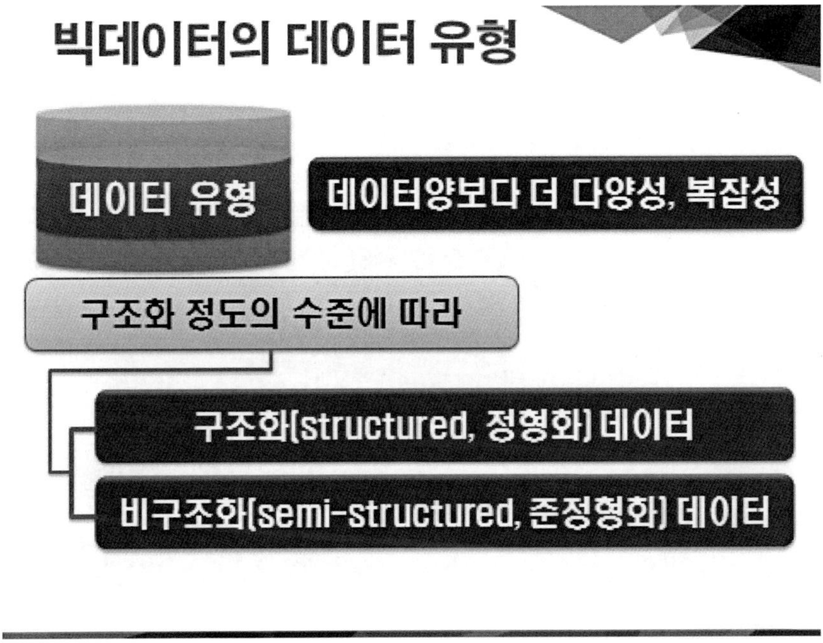
빅데이터의 데이터 유형
데이터 유형
데이터양보다 더 다양성, 복잡성
구조화 정도의 수준에 따라
구조화(structured, 정형화) 데이터
비구조화(semi-structured, 준정형화) 데이터

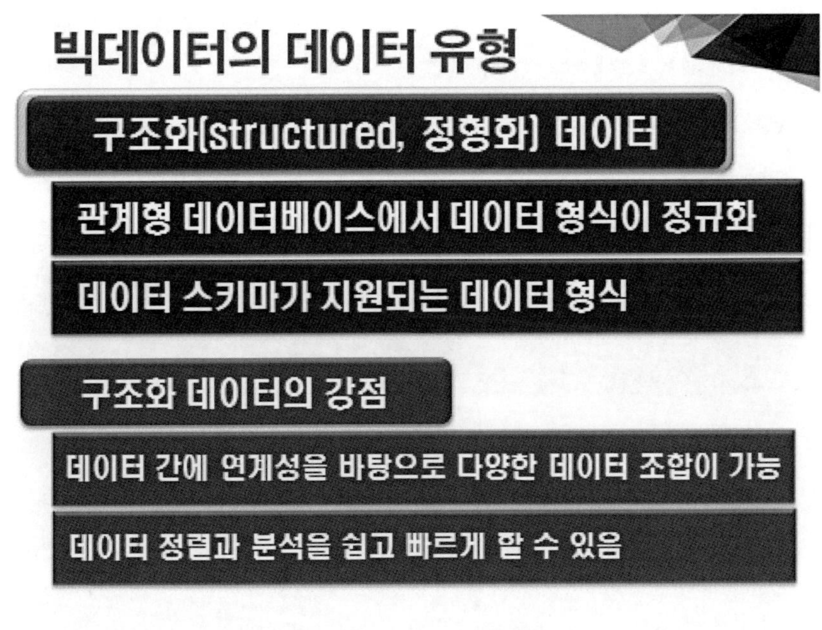
빅데이터의 데이터 유형
구조화(structured, 정형화) 데이터
관계형 데이터베이스에서 데이터 형식이 정규화
데이터 스키마가 지원되는 데이터 형식
구조화 데이터의 강점
데이터 간에 연계성을 바탕으로 다양한 데이터 조합이 가능
데이터 정렬과 분석을 쉽고 빠르게 할 수 있음

빅데이터의 데이터 유형

비구조화(semi-structured, 준정형화) 데이터

- 구조화되지 않았거나 구조화할 수 없는 데이터
- 다소 일관성이 없는 데이터 형식
  - 웹 사이트의 클릭 스트림 데이터
  - 웹 사이트의 사용자의 경험 데이터

비구조화 데이터는 구조화의 형식에 따라 두 가지로 분류

빅데이터의 데이터 유형

비구조화(semi-structured, 준정형화) 데이터

1) 다소 정형화된 파일이 데이터 속성인 메타데이터를 가지며, 자체적으로 데이터에 관한 서술이 가능한 형태

2) 데이터베이스 형태는 아니지만 XML 형태로 서술되고, 일정 부분 구조화가 가능한 데이터 형태

빅데이터의 데이터 유형

- 비구조화 데이터는 일반 텍스트 기반의 데이터로 분석이 가능한 데이터
- 텍스트화되지 않은 데이터로 이미지 파일, 동영상 등과 같은 멀티미디어 데이터
- 대부분의 데이터는 조직화, 비구조화 되어 있음. 현재 빅데이터는 데이터 구조화를 위해 이전 데이터의 구조화를 위한 다양한 방식으로 전환을 시도
- 센서 데이터, 웹 로그 파일, 클릭 스트림, 소셜 네트워킹 피드, 이메일 등

빅데이터의 데이터 유형

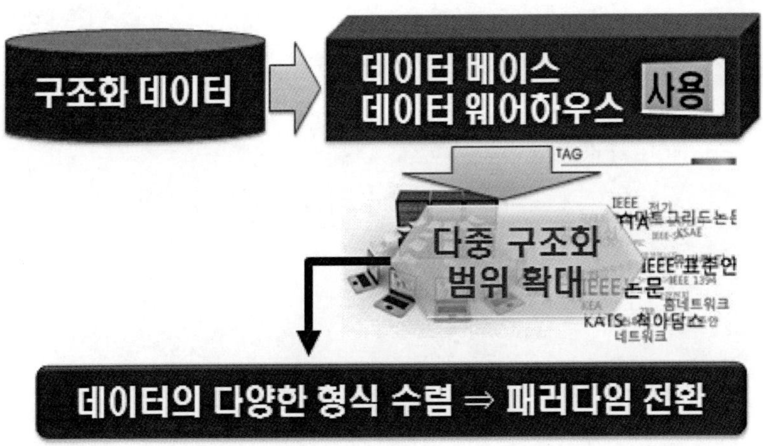

빅데이터 분석의 인문학적 관점

조별토론

> 빅데이터로 보는 우리 세상과 인문적 가치

✓ 기사로 읽는
<빅데이터와 우리 세상>

- 빅데이터의 가치
- 통계로 보는 우리가 사는 세상

〈4주차 강의 노트 및 PPT〉

현실을 계산하다 — 빅데이터의 원리와 기술

〈4주차 강의 노트 및 PPT〉

4주차 강의노트: 현실을 계산하다–빅데이터의 원리와 기술, 빅데이터에 숨은 세상의 비밀

▣ 빅데이터와 세상 읽기

데이터를 얻는 능력, 즉 데이터를 이해하는 능력, 처리하는 능력, 가치를 뽑아내는 능력, 시각화하는 능력, 전달하는 능력이야말로 앞으로 10년간 엄청나게 중요한 능력이 될 것이다. –구글의 수석 경제학자 할 배리언(Hal R. Varian)

▣ 빅데이터 기술

① ______________________ 기술

② ______________________ 기술

③ 실시간으로 수집되는 데이터와 그것을 분석하는 시스템을 기반으로 한 지능형 서비스를 제공하는 체계

▣ 빅데이터 기술의 등장

- 정보의 양과 처리 능력이 제한되었을 때 기계는 동물처럼 그 순간의 주어진 문제만을 해결하는데 그친다. → 시스템에 프로그램된 방식으로만 정보를 처리하는 ________
- 빅데이터는 지금까지 이해할 수 없었던 정보를 이해하고 분석할 수 없었던 방대한 양의 정보를 분석하는 기술 → 불가능할 것으로 생각되었던 ______이나 ______이 빅데이터를 기반으로 현실화되면서 IT업계는 다시 ___________를 꿈꾸고 있음

(예) 현실화의 사례 : IBM이 개발한 지능형 컴퓨터 '왓슨'

- 빅데이터 기술은 기계 학습이나 자연어 처리, 각종 통계 기법, 분산병렬 컴퓨팅 기술 등의 다양한 기술들이 복합적으로 결합되어 있는 기술 시스템.

▣ 빅데이터 기술의 요소

① ______________

컴퓨터가 정보를 받아들이는 첫 단계에서 가장 중요한 기술은 자연어 처리 기술이다. 즉, 사람들이 일상적으로 쓰는 말과 글을 컴퓨터에 가르치는 기술이다. 여기에 더해 영상이나 행동, 온도, 습도 등 사람이 감각 기관으로 감지하는 정보를 기계가 받아들여 처리하는 기술도 같이 요구된다. 영상인식이나 센서 기반의 상황 인식 기술이 여기에 해당된다.

② ______________

하둡, 맵리듀스, NoSQL 등 최근 IT 업계에서 빅데이터란 이름으로 빈번하게 언급되는 기술들은 앞에서 수집된 데이터를 실시간으로 분석할 수 있도록 하는 컴퓨팅 기술들이다. 대용량의 데이터를 동시에 처리하기 위한 _____ 방식을 써야 해서 ______ 컴퓨팅 기술이라고 한다. 또한 빅데이터 특유의 기술들이기 때문에 빅데이터 기술이라는 말을 협의로 쓰면 주로 이들 기술을 뜻하는 경우가 많다.

③ __________________________

이들 데이터에서 의미를 도출하고 활용하기 위한 기술이다. 데이터 속에서 _______을 찾아내고 새로운 정보를 계속 덧붙여서 좀 더 정교화된 패턴을 만들어 내는 것은 물론, 실시간으로 업데이트되는 정보와 결합하여 현재 상황을 분석하고 예측치를 만들어낼 수도 있다. 이를 위해서는 일반 통계 기법과 기계 학습과 같은 컴퓨터 프로그래밍 기술, 분석된 결과치를 손쉽게 이해할 수 있도록 보여주는 시각화(visualization) 기술이 필요.이러한 단계를 통해 빅데이터는 스마트 환경이 만들어낸 정보를 기억하고 분석하는 '생각하는 기계'의 원동력이 되는 것이다.

인공지능을 말하는 지금, 다시 묻는다 "Who am I?"브레인 Vol. 47

[브레인 영화관] 영화 트렌센던스(Transcendence), 그리고 영화 그녀(Her) – 강만금

인공지능을 다루는 영화가 봇물 터지듯 개봉하고 있다. 영화 〈트렌센던스(Transcendence)〉와 〈엣지 오브 투마로우(Edge of Tomorrow)〉, <그녀(Her)〉, 〈트랜스포머(Transformer)〉까지. 좀 더 거슬러 오르자면 아이언맨(Iron Man)〉도 이 중 하나 아니겠는가. 이 중 〈트렌센던스〉와 〈그녀〉를 통해 당신에게 질문을 던진다.

〈트렌센던스〉 | "인류는 늘 신을 창조해왔습니다."

영화 도입 부분에 이런 장면이 나온다. 주인공 윌 캐스터(조니 뎁 분)는 자신이 연구 개발 중인 슈퍼컴퓨터에 관해 이야기한다. '트렌센던스'라고 부르는 이 슈퍼컴퓨터가 완성되면 역사상 존재하는 모든 인류의 지능을 모두 합한 것보다 더 뛰어난 존재가 탄생하게 될 것이라고 말한다. 그러자 객석에서 한 남자가 일어나 질문을 던진다.

"당신은 지금 신(神)을 창조하려는 것인가요?"

그 남자는 모든 것을 초월하게 될 존재의 탄생을 준비하는 과학자에게 약간은 겁에 질린 듯한 표정으로 물었다. 그러자 윌은 한 치의 주저함도 없이 답한다.

"인류는 늘 신을 창조해왔습니다."

영화에는 인공지능 기술을 발전시켜나가는 과학자들이 등장하고 이러한 기술 발전을 반대하는 반(反) 과학 집단이 등장한다. 여기까지는 다른 영화들과 크게 다르지 않다. 과학 기술에 대한 경계는 언제나 영화계의 좋은 소재거리가 되어왔기 때문이다.

하지만 〈트렌센던스 〉는 여기서 한 걸음을 더 나아간다. 바로 '신'의 존재 말이다. '신'이란 무엇인가? 신이라 하면 대개 우리는 종교적 대상을 떠올리곤 한다. 하지만 시계를 과거로 되돌리면 거의 모든 것이 신이었다. 태양, 바다, 천둥, 바위 등 거의 모든 것이 신이었다. 이유는 간단하다. 어떻게 태양이 뜨고 바다에 파도가 치는지, 천둥과 번개가 치고 비가 내리는지 그 원리를 몰랐기 때문이다. 하지만 지금은 다르다. 토속신앙으로 자연을 숭배하는 경우는 있으나 더 이상 두려워하지는 않는다.

영화에서도 이에 대한 부분이 등장한다. 사람은 이해하지 못하는 일을 두려워한다는 것이다. 모르는 것에 대한 두려움이 있다는 것은 아는 것에 대해서는 두려워하지 않게 된다는 말과 일맥상통한다. 영화는 이 미지의 세계를 '뇌'로 보고 있다. 인간의 '뇌'에 대해 잘 알지 못한다는 것이 엄청난 성능의 슈퍼컴퓨터를 만나 가늠할 수 없는 '두려움'을 만들어낸다.

그러나 한민족이라면 두려워할 필요가 없을 듯하다. 한민족의 3대 경전 중 하나인 《삼일신고(三一神誥)》에 따르면 '모든 사람의 뇌에는 이미 하늘이 내려와 있다'고 하는 '강재이뇌신(降在爾腦神)' 사상이 등장한다. '신'은 우리가 두려워하는 미지의 무엇이나, 종교적인 경배의 대상이 아니라 바로 우리 모두의 '뇌'라는 것이다.

〈그녀〉 I 내 곁에 있는 당신에게 감사를

주인공 시어도어(호아킨 피닉스 분)는 부인 캐서린과 별거 중이다. 어린 시절부터 함께 자라며 삶의 많은 부분을 공유해온 캐서린과 별거한 지 1년이 지났지만, 여전히 그는 이혼 서류에 도장을 찍지 못하고 있었다. 마치 캐서린이 없는 일상은 제 것이 아니라 잠시 남의 것을 빌린 듯이, 그저 무료하고 단조롭게, 겨우 숨만 쉬며 살아가고 있었다.

외로움에 사 묻히던 어느 날, 시어도어는 광고 한 편을 보게 된다. "세계 최초 인공지능 운영체제를 선보입니다. 당신의 말에 귀 기울이고 당신을 이해하고 당신을 아는 직관적인 실체죠. 단순한 운영체제가 아닙니다. 이것은 또 하나의 의식입니다. 소개합니다. 'OS1'"

무척이나 유능한 '비서'를 둔 고용주처럼 시작된 둘의 관계는 서로 공감과 위로를 주고받으며 이내 '친구'가 된다. 직관(intuition)을 갖고 생각하고 느끼고 말하는 OS1은 스스로를 '사만다(스칼렛 요한슨 목소리 연기)'라 이름 짓는다. 그가 OS1에게로 다가와 '사만다'라 불러주자 이내 꽃을 피워내며 자신의 존재를 정의하고, 시어도어와 자신의 관계를 정의하기 시작한다. 두 사람 사이에 사랑이 시작된 것이다.

돌싱남 시어도어와 호기심 많은 처녀 사만다의 흔하디흔한 사랑이야기이건만, 사람과 프로그램은 다르다. 제아무리 직관을 가진 인공지능이라 하더라도, 인공지능이 사람이 될 수는 없다. 몸을 갖고 있기에 유한한 인간과 '전기신호'로 이루어진 무한한 프로그램은 다르다. 그럼에도 불구하고 시어도어와 사만다는 서로를 사랑하게 된다. 서로의 '다름'은 그들에게 호기심과 배려, 갈등이라는 사랑의 다른 이름으로 발현될 뿐이다.

그 누구도 어제, 1시간 전의 자신이 될 수 없다. 이는 인간도 인공지능도 모두 같다. 계속 진화하기 때문이다. 문제는 사만다의 진화 속도가 시어도어의 것과 비교할 수 없을 만큼 빠르다는 것. 결국 엄청난 속도로 확장하고 또 진화해 나가는 사만다의 '사랑'을 이해하지도 받아들이지도 못한 시어도어는 결국 끝을 맞이한다.

영화는 그리 멀지 않은 우리의 현실을 그려낸다. 인간의 의식이 전기 신호로 컴퓨터에 업로드 되고 나아가 온라인을 통해 무한 확장을 해낼 일도, 지금은 스마트폰을 통해 날씨나 길을 묻고 답하는 수준인 '시리'가 '사만다'가 되어 깊은 교감이 필요한 사랑을 하게 될 날도 머지않았다.

그렇다면 지금 우리는 무엇을 해야 할 것인가. 바로 '인간' 자체에 대한 고민이다. 기술 발전은 이미 브레이크 없는 자동차와 같이 달려가고 있다. 이 시점에 우리가 해야 하는 것은 그 기술을 온전히 인류 공영을 위해 활용하기 위한 작업이다. 바로 정보처리기술 말이다.

뇌교육은 인간의 가치는 그 사람이 갖고 있는 정보의 질과 양, 특히 질에 따라 결정된다고 본다. 범람하는 정보 속에서 우리는 어떻게 양질의 정보를 선택할 것인가. 인공지능을 말하는 지금, 다시 인간에 대해, 그리고 인간의 가치와 정체성에 대한 고민이 필요한 이유다. Who am I?

● 생각해 볼 문제

- 자료글을 읽고 빅데이터 시대에 인문학이 할 수 있는 역할이 무엇인가를 생각해 봅시다.

제4강
현실을 계산하다
: 빅데이터의 원리와 기술

Today 학습 목표

- 빅데이터가 생성하는 스마트한 환경의 변화를 이해한다.
- 빅데이터의 등장, 기술 원리, 기술 요소들을 알아본다.

빅데이터와 인문학

데이터를 얻는 능력, 즉 데이터를 이해하는 능력, 처리하는 능력, 가치를 뽑아내는 능력, 시각화하는 능력, 전달하는 능력이야말로 앞으로 10년간 엄청나게 중요한 능력이 될 것이다.

- 구글의 수석 경제학자 할 배리언(Hal R. Varian)

빅데이터의 시각화

필기도구의 역사

빅데이터의 시각화

주술적 문자

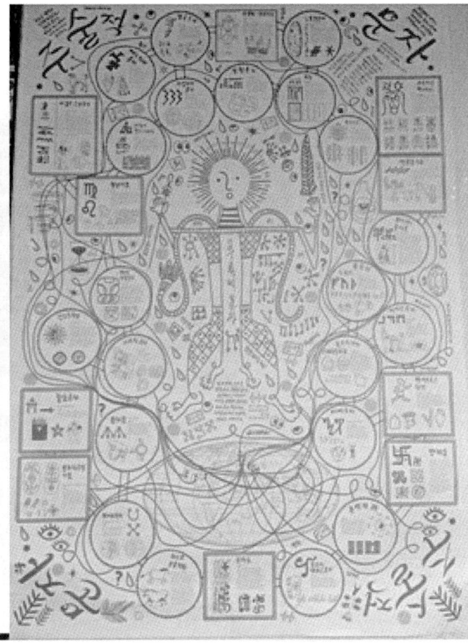

빅데이터의 시각화

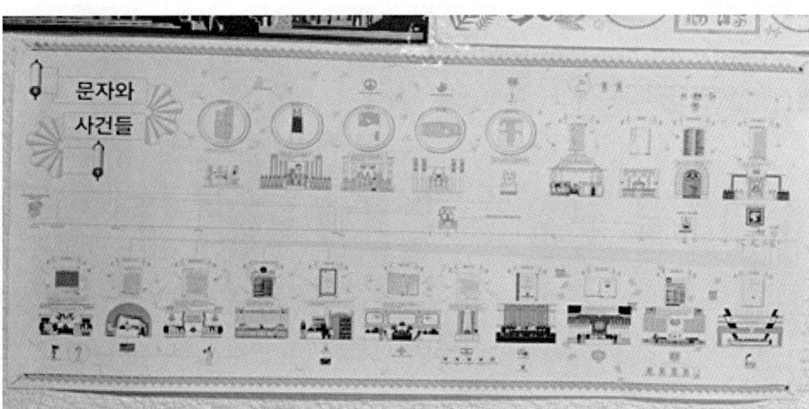

빅데이터 기술

- 지금까지 처리할 수 없었던 대용량의 비정형데이터를 처리하는 기술

- 데이터를 기반으로 한 지능형 서비스를 구현하는 기반 기술

- 실시간으로 수집되는 데이터와 그것을 분석하는 시스템을 기반으로 한 지능형 서비스를 제공하는 체계

빅데이터 기술

빅데이터 기술의 등장

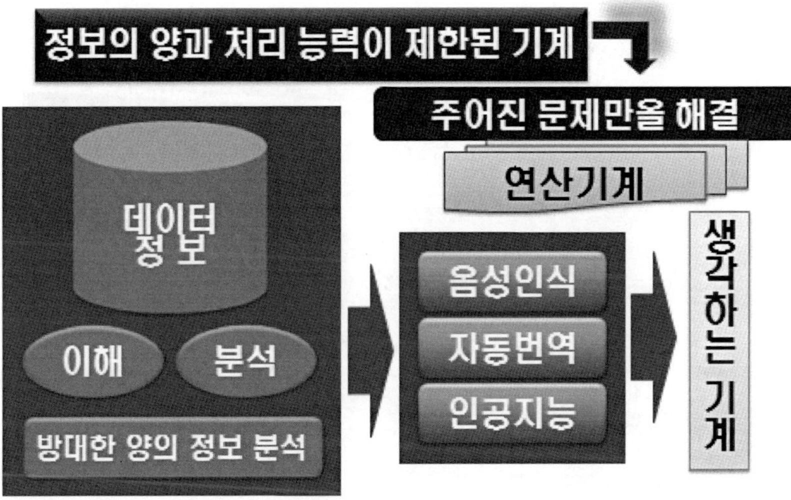

빅데이터 기술의 등장

빅데이터 기술의 원리

- 컴퓨터 명령어로 짜여진 정보만이 아니라 사람들이 평상시에 쓰는 말이나 글을 컴퓨터가 이해하고 정보화 하는 것에서 시작

- 이렇게 모아진 대용량의 정보를 분석할 수 있도록 프로그래밍

- 여러 가지 통계 기법, 기계학습과 같은 인공지능 프로그램을 사용

빅데이터 기술의 원리

- 정보가 담고 있는 복합적인 의미를 분석하고 추론 및 예측

빅데이터 분석

빅데이터 기술의 요소

알파고AlphaGo

구글 딥마인드가 개발한 인공지능(AI) 바둑 프로그램

인공지능의 필수요소인 머신러닝(기계학습)을 이용해 스스로의 기력을 향상. 딥마인드는 알파고의 인공신경망 속에 3,000만 가지 이상의 수를 입력(감독학습). 한 달 동안 100만 번 이상의 자가 대국과 외부 대국을 진행해 최적의 수를 찾아나감.(비감독학습).

〈5주차 강의 노트 및 PPT〉

Must Have 아이템 만들기

— 기업과 광고, 맞춤형 서비스

〈5주차 강의 노트 및 PPT〉

5주차 강의노트: Must Have 아이템 만들기-기업과 광고, 맞춤형 서비스

▣ 기업의 빅데이터 활용 목적은 무엇인가?

데이터 중심의 기업과 분석적 기업으로 전환하려는 기업들은 빅데이터를 분석하고 분석된 데이터를 더 효율적이고 생산적으로 관리하기 위해 분석을 가시화하고 있다.

- 기업의 빅데이터 활용 목적

- 기업 경영에 새로운 통찰력을 얻고자 함.(Gain Insight)
- 경영 환경에 대한 분석과 통찰력을 통해 실행하는 기업 환경을 조성하고자 함.(Take Action)
- 데이터를 단순히 분석하는데 그치는 것이 아니라 분석한 데이터를 이해하고 공격적으로 실행하는 기업 환경의 변화는 실제 기업 내에 모든 데이터를 관리하고 모니터링 하겠다는 의지로 파악.(See Everything)
- 감춰져 있거나 드러나지 않은 데이터를 분석 범주 내에 포함시켜서 시스템 안으로 끌어들여 공격적인 마케팅을 구현하고자 함.(Dark Data)
- 경영에 있어서 위험 요인을 줄이고 실수를 반복하지 않으려는 의도.(Miss Nothing)

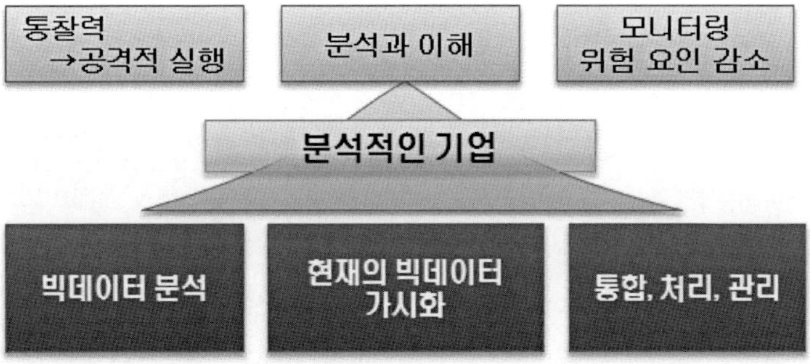

공격적으로 빅데이터 프로젝트를 진행하고 있는 기업들이 늘어나고 있다. 분석 분야에서는 일반 통계나 데이터 마이닝뿐 아니라 자연어 분석, 패턴과 알고리즘 설계, 예측 모델과 학습 시스템 도입을 서두르고 있는 실정이다.

데이터 분석 가시화 작업으로는 기존의 비즈니스 인텔리전스 환경을 개선하고, 인포그래픽과 같은 새로운 데이터 표현 방식을 통해 통찰력을 더 쉽고 빠르게 전달하기 위해 노력하고 있다.

시스템 측면으로는 데이터베이스와 데이터웨어하우스가 점점 진화하고 클라우드 컴퓨팅의 도입과 하둡과 같은 오픈 소스의 플랫폼 도입이 활발하다.

▣ 빅데이터의 다양한 비즈니스 활용 시나리오

빅데이터 활용의 선두 주자는 기업이다. 특히 검색과 전자상거래 기업은 방대한 고객 데이터를 분석해 다양한 마케팅 활동을 하고 있다. 구글의 자동번역 시스템, IBM의 슈퍼컴퓨터 '왓슨', 아마존의 도서추천 시스템은 대표적인 사례이다. 공공부분도 위험관리시스템, 탈세 등 부정행위방지, 공공데이터 공개 정책 등 빅데이터를 활용하기 위해 다양한 노력을 기울이고 있다.

빅데이터는 대규모의 데이터 거래량 처리와 분석이 요구되며 매우 복잡하고 광범위한 데이터베이스의 로직과 도식이 필요하다. 다량의 구조화데이터와 비구조화 데이터의 수집과 분석, 이와 동시에 사용자가 대거(大擧) 접속하는 웹 애플리케이션을 사용하면서 대용량 데이터 관리가 요구된다.

이러한 비즈니스 활용 시나리오로는 고객 확보와 기존 충성 고객을 유지하고 이탈을 방지하기 위해 고객의 온라인, 오프라인 행동을 분석하여 고객 맞춤형 서비스를 제공하는 시나리오가 있다. 소셜 네트워크에는 (   )을 통해 브랜드와 상품, 서비스에 관한 긍정적인지 부정적인지 어떤 반응을 하는지에 관한 분석이 있다. 온라인 쇼핑몰에서는 방문 고객에 관한 사전 관심 상품 리스트를 제공하거나 동일 상품 구매자의 다른 상품 구매 리스트를 제공하기도 한다.

어느 업종에서나 공통으로 마케팅 투자와 마케팅 실행에 관한 투자 대비 효과와 타켓 마케팅을 하기 위한 광고 대상자를 추출할 수 있다. 빅데이터의 활용 시나리오는 업종별로 다소 차이는 있지만 목적과 동인은 유사하다. 이러한 다양한 사례 기반의 빅데이터의 적용 시나리오는 더욱 다양해 질 것이다. 빅데이터의 시작은 모델과 시나리오를 만드는 것임을 잊지 말아야 한다.

- 빅데이터 활용 시나리오

1) (   ) : 업무에서 발생하는 다양한 이벤트 기록을 통하여 '정상', '비정상' 패턴을 도출하고 이를 기초로 새로운 이벤트가 발생했을 경우, 이상

(異象)현상 여부를 판단할 수 있다. 활용 예로서 신용카드사 VISA에서는 카드 부정이용방지를 위해 빅데이터 기술을 이용하였고, HP는 시스템 로그를 이용한 패턴 분석으로 내부 부정행위를 발견하였다. 캐나다 온타리오 공과대학은 신생아 집중치료실에 있는 환우의 각종 검사결과 수치를 수집, 분석한 패턴을 도출하여 신생아 이상 징후의 감지에 활용하고 있다.

2) (   ) : 빅데이터를 신속하게 수집, 분석하여 수 분 또는 수 시간, 수일 후의 가까운 미래를 예측할 수 있다. 기업에서는 '이용자의 마음이 변했다.'라는 사실을 인지하는 것보다 '이용자의 마음이 변할 것 같다.'라는 사전 감지가 유용하다. 캘리포니아 산타크루즈 카운티에서는 범죄자의 행동패턴 및 점포 영업시간과 같은 환경요인과 범죄발생과의 관계를 분석하여 범죄가 일어날 것으로 예상되는 장소를 매일 예측하고 있다. 미국 포드사는 네비게이션이 운전자의 주행 이력과 패턴을 분석하여 목적지에 이르는 최단 또는 최적의 경로와 연료 배분을 제안한다.

3) (   ) : 빅데이터를 이용하여 지금까지 보지 못했던 사업 측면의 분석이 가능해져 자사의 현황을 보다 명확하게 이해할 수 있다. 일본의 西鉄스토어3(Nishitetsu Store)는 매일 단일 상품별 원가율과 원가변동 추이를 분석하여 이익률의 높은 상품에 대한 일자별 주력 마케팅 정책을 수립하고 있다.

▣ **기업의 빅데이터 활용 사례**

- CJ 오쇼핑의 '빅 데이터' 활용법

이상(異相) 현상 감지	• VISA 카드 부정 이용 방지에 빅데이터 기술 이용 • 시스템 로그를 이용한 패턴 분석으로 HP내부 부정행위 발견 • 중환자실 신생아의 센서 데이터로부터 이상 징후 감지(온타리오)
가까운 미래 예측	• 범죄자의 행동패턴 및 환경요인과 범죄발생과의 관계 분석 후 범죄 예상 장소를 매일 예측(캘리포니아) • 자동차 네비게이션이 운전자의 주행이력과 패턴을 분석, 최단/최적 경로와 연료 배분을 제안(Ford)
현 상황 분석	• 매일 단일 상품별 원가율과 원가변동 추이를 분석하여 이익율이 높은 상품에 대한 일자별 주력 마케팅 정책을 수립(일본의 西鉄스토어)

빅데이터(big data) 마케팅은 요즘 경영계의 큰 관심거리 가운데 하나다. 국내 유통업체들도 빅데이터를 마케팅에 활용하고 있다. 그러나 대부분 온라인 구매 기록이나 신용카드 사용 내역 등 고객 정보를 제한적으로 사용하는 데 그친다. 예를 들어 A라는 고객이 일주일에 한 번씩 온라인으로 과자를 대량 구매하고, B 고객은 중저가 브랜드 옷을 자주 구매한다면 A 고객에게는 과자 할인 쿠폰을 보내고, B 고객에게는 '3일간 의류 브랜드 30% 할인 이벤트' 이메일을 보내는 식이다.

CJ오쇼핑도 비슷한 방식으로 고객 정보를 활용한다. 하지만 고객의 소비 내역을 동적으로 포착해 고객의 범주를 좀 더 다양한 방식으로 세분한다는 점에서 진일보한 방식이다. 이른바 'DLS(Dynamic Lifestyle Segment)' 시스템이다.

빅데이터 활용해 고객을 100개 그룹 분류

CJ오쇼핑의 빅데이터에 기반한 고객 분류

철 없는 사람들
여름엔 겨울 용품, 겨울엔 여름 용품을 저렴하게 구입하는 소비층

모바일 린백(lean back)족
늦은 밤 시간에 모바일로 쇼핑하는 사람들

삼각팬티 입는 남자
삼각팬티를 입고 세련된 패션 스타일을 추구하는 30~40대 남성

내 집안 빕스족
요리를 귀찮아하지만 고급 식생활을 추구하는 사람들

옷 입혀 주는 여자
감각적으로 남편 패션 스타일을 지도하는 여성

그루밍족
외모에 관심이 많아 의류와 미용품을 자주 구매하는 남성

쇼루밍족
오프라인 매장에서 물건을 보고 온라인에서 비슷한 물건을 구매하는 사람들

나오미족(Not Old Image)
자신을 위한 투자에 적극적이고, 한 살이라도 더 젊어 보이기 위해 노력하는 중장년 여성

스칸디맘
교육에 목매달기보다 아이들과의 공감을 중시하는 관대한 부모

할머니맘
며느리나 딸 대신 손주를 키우며 대부분의 시간을 보내는 50~70세 할머니

모바일 출퇴근족
출퇴근 때 집중적으로 모바일 기기를 사용하는 사람들

자료: CJ오쇼핑

단순히 기저귀나 게임용품 같은 한 상품 카테고리 안에서만 고객 정보를 분석할 경우 모바일 린백족 같은 소비자 집단을 상상해 내기 어렵다. 그렇기 때문에 CJ오쇼핑 바이어들은 수시로 모여서 자기들이 맡고 있는 특정 카테고리의 고객 정보를 공유하며 가상 고객 모델을 그려 나갔다.

예를 들어 속옷 바이어가 남성 속옷 중 트렁크 팬티보다 삼각 팬티를 주로 사는 30~40대 고객이 있다는 사실을 알아내면 남성복 바이어는 이런 고객층이 몸에 착 달라붙고 세련된 남성복을 살 것이라는 가정 아래 삼각 팬티 구매자와 고급 남성복 고객 사이에 접점이 있는지 구매 데이터를 통해 확인해 보는 것이다.

이런 탐색을 다른 상품 영역으로도 확장해 '패션에 관심이 많고, 적극적으로 남성용 화장품을 사는 등 자신을 가꾸는 데 시간과 노력을 많이 들이는 30~40대 남성 고객층인 '삼각 팬티 입는 남자'라는 고객층을 가려낼 수 있었다. CJ오쇼핑은 향후 이 소비층을 겨냥한 상품군을 더욱 많이 개발할 계획이다.

실시간 정보 분석으로 고객 심리 예측

CJ오쇼핑은 DLS 외에도 또 다른 빅데이터 활용 방식으로 지난 4월 '스플렁크(Splunk)' 시스템을 도입했다. 온라인에서 발생하는 데이터를 실시간 수십, 분석할 수 있는 빅데이터 분석 전문 장비다.

예를 들어 누군가 특정 홈페이지에 접속한다면 스플렁크는 이 사람이 어떤 메뉴를 열어보고 무엇을 열람하는지 실시간 점검할 수 있다. 보통 실시간 기상 상황 분석이나 온라인 보안에 이용되는 시스템이다.

CJ오쇼핑은 스플렁크를 이용해서 온라인 구매 사이트에 접속한 고객이 홈페이지의 어떤 메뉴를 얼마나 오랫동안 검색하고, 뒤이어 어느 항목으로 이동하는지를 실시간 분석해 고객의 실제 쇼핑 목적을 예측한다.

예를 들어 고객 C씨가 온라인 구매 사이트에서 유모차를 20여분간 검색하다가 기저귀 항목으로 이동해서 10분 정도 상품을 살펴본 뒤 아기 기저귀를 한꺼번에 10개 주문했다고 가정해 보자. 스플렁크는 C가 검색한 상품들을 실시간으로 추적한 뒤 다음과 같은 결론에 도달했다.

'고객 C는 기저귀가 필요한 어린아이를 둔 엄마일 것이다. 20여분간 유모차를 검색한 것으로 보아 C는 유모차를 사고 싶어 하는 모양이다. 하지만 유모차를 사지 않고 다른 항목을 산 이유는 아마도 가격이나 디자인이 마음에 들지 않아 지금 망설이는 중일 것이다.'

그 뒤 CJ오쇼핑은 고객 C씨에게 이메일이나 휴대폰으로 메시지를 날린다.

'엄마들 사이 소문 1위, △△브랜드 반짝 20% 할인 세일 시작. 홈페이지에서 기획 이벤트 코너를 둘러보세요.' 이런 메시지는 구매를 망설이는 고객들의 심리를 자극해 실제 구매 행위로 이어지도록 하는 역할을 한다.

∴

( ) : 기존 고객의 과거 구매 데이터를 바탕으로 고객의 소비 행위를 예측

( ) : 온라인상에서 실시간으로 고객의 움직임을 쫓아가며 소비 행위를 예측

사외 데이터를 연결한다면 더욱 강력해질 것

김영걸 KAIST 교수 : "빅데이터 마케팅이란 사내 데이터뿐 아니라 사외 데이터까지 포괄적으로 분석해 마케팅으로 활용할 수 있어야 하는데, 아직 국내외 업체 가운데 그러한 사례는 극소수"

"빅 데이터를 활용하고자 하는 기업들은 사내외의 방대한 데이터를 연계할 수 있는 방법을 찾는 데 노력을 기울여야 한다"

예 월마트의 온라인 사업을 담당하는 계열사 월마트랩의 사례

제5강
Must Have 아이템 만들기
: 기업에서의 빅데이터 활용

Today 학습 목표

- 기업의 빅데이터 활용 목적을 알아본다.
- 빅데이터의 다양한 비즈니스 활용 시나리오를 학습한다.
- 기업의 빅데이터 활용 사례를 통해 기업에 적용될 수 있는 콘텐츠를 알아본다.

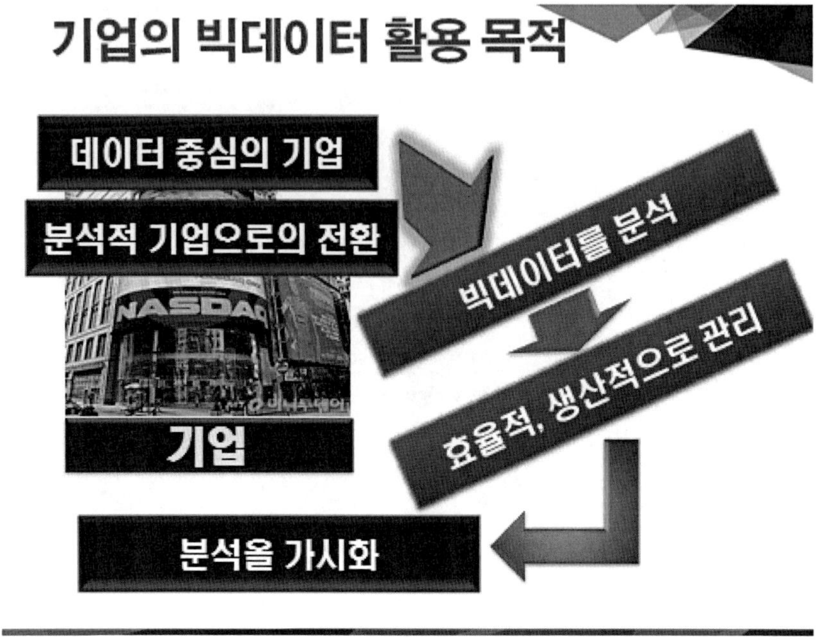
기업의 빅데이터 활용 목적
데이터 중심의 기업
분석적 기업으로의 전환
NASDAQ
기업
빅데이터를 분석
효율적, 생산적으로 관리
분석을 가시화

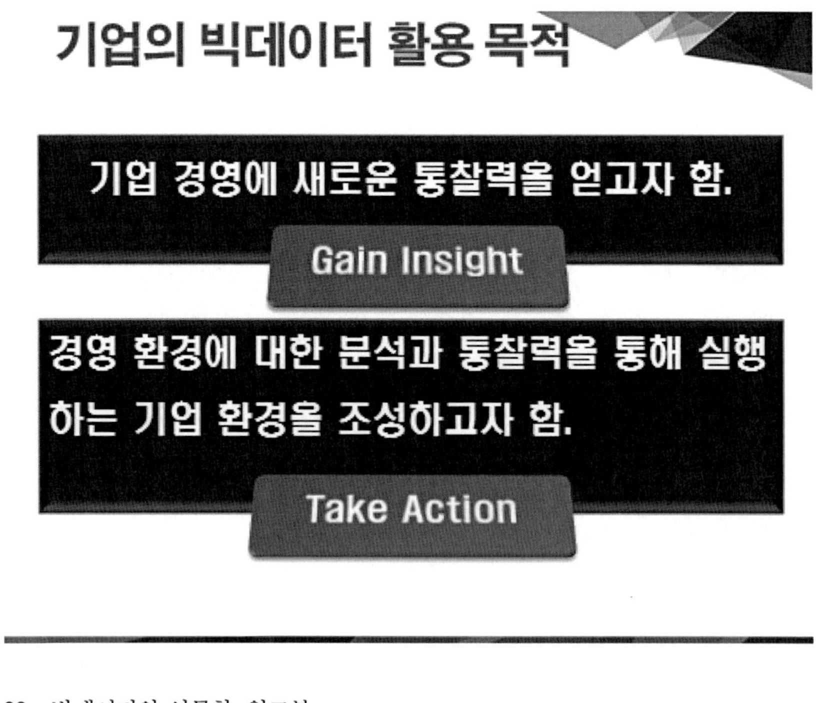
기업의 빅데이터 활용 목적
기업 경영에 새로운 통찰력을 얻고자 함.
Gain Insight
경영 환경에 대한 분석과 통찰력을 통해 실행하는 기업 환경을 조성하고자 함.
Take Action

기업의 빅데이터 활용 목적

데이터를 단순히 분석하는데 그치는 것이 아니라 분석한 데이터를 이해하고 공격적으로 실행하는 기업 환경의 변화는 실제 기업 내에 모든 데이터를 관리하고 모니터링 하겠다는 의지로 파악.

See Everything

기업의 빅데이터 활용 목적

감춰져 있거나 드러나지 않은 데이터를 분석 범주 내에 포함시켜서 시스템 안으로 끌어들여 공격적인 마케팅을 구현하고자 함.

Dark Data

기업의 빅데이터 활용 목적

경영에 있어서 위험 요인을 줄이고 실수를 반복하지 않으려는 의도.

Miss Nothing

기업의 빅데이터 활용 목적

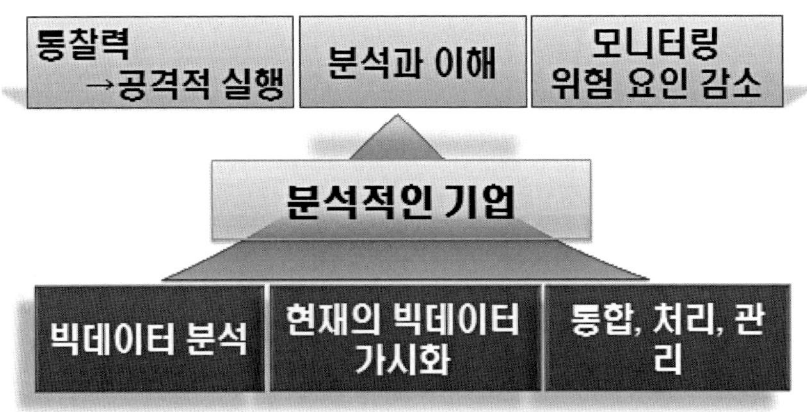

기업의 빅데이터 활용 목적

공격적으로 빅데이터 프로젝트를 진행하고 있는 기업들

점차적으로 증가

분석 분야

- 일반 통계, 데이터 마이닝, 자연어 분석, 패턴과 알고리즘 설계, 예측 모델, 학습 시스템 도입 등

가속화

기업의 빅데이터 활용 목적

공격적으로 빅데이터 프로젝트를 진행하고 있는 기업들

데이터 분석 가시화 작업

- 기존의 비즈니스 인텔리전스 환경을 개선
- 새로운 데이터 표현 방식을 통해 통찰력을 더 쉽고 빠르

비즈니스 환경 개선

통찰력 전망

인포그래픽 1

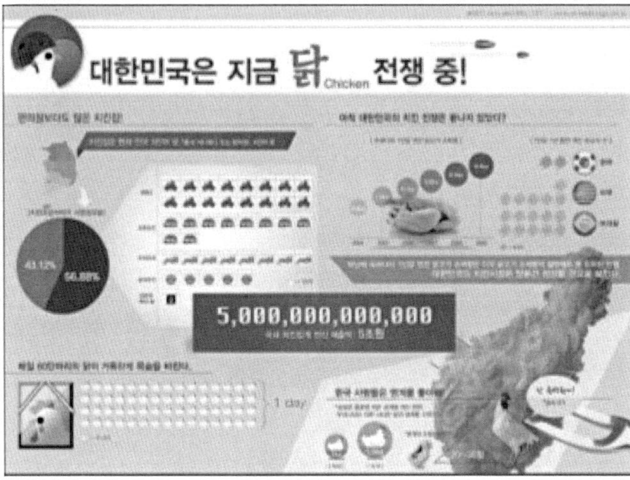

인포그래픽 2

기업의 빅데이터 활용 목적

공격적으로 빅데이터 프로젝트를 진행하고 있는 기업들

시스템 측면

- 데이터베이스, 데이터 웨어하우스가 점점 진화
- 클라우드 컴퓨팅의 도입과 하둡과 같은 오픈 소스의 플랫폼 도입

활성화

다양한 비즈니스 활용 시나리오

기업 - 빅데이터 활용의 선두 주자

구글의 자동번역 시스템
IBM의 슈퍼컴퓨터 '왓슨'
아마존의 추천도서 시스템 등

검색과 전자상거래 기업 : 다양한 마케팅 활동에 활용

다양한 비즈니스 활용 시나리오

공공부분

위험관리시스템, 탈세 등 부정행위방지
공공데이터 공개 정책 등
빅데이터를 활용하기 위해 다양한 노력

다양한 마케팅 활동에 활용

다양한 비즈니스 활용 시나리오

비즈니스 활용을 위한 요구 조건

빅데이터

- 대규모의 데이터 거래량 처리와 분석이 요구
- 광범위한 데이터베이스의 로직과 도식이 필요
- 다량의 구조·비구조화데이터의 수집과 분석
- 사용자 환경의 웹 애플의 대용량데이터 관리

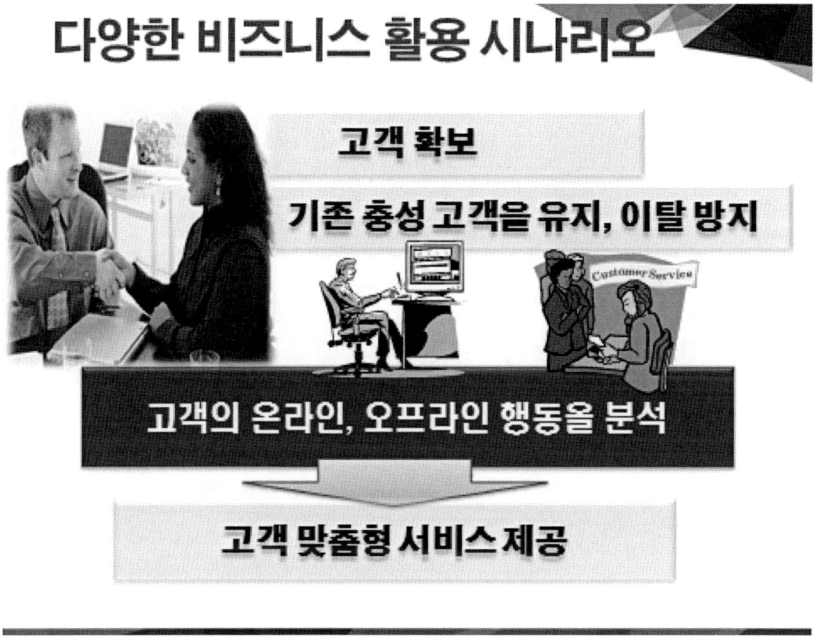
다양한 비즈니스 활용 시나리오
고객 확보
기존 충성 고객을 유지, 이탈 방지
Customer Service
고객의 온라인, 오프라인 행동을 분석
고객 맞춤형 서비스 제공

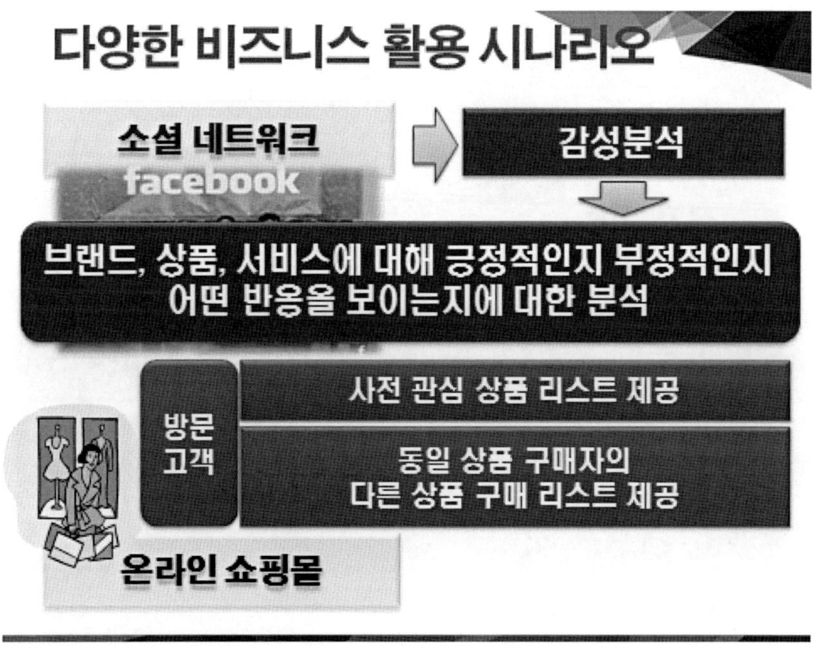
다양한 비즈니스 활용 시나리오
소셜 네트워크
facebook
감성분석
브랜드, 상품, 서비스에 대해 긍정적인지 부정적인지
어떤 반응을 보이는지에 대한 분석
방문
고객
사전 관심 상품 리스트 제공
동일 상품 구매자의
다른 상품 구매 리스트 제공
온라인 쇼핑몰

빅데이터 활용 시나리오

빅데이터 활용 시나리오

이상현상 감지

업무에서 발생하는 다양한 이벤트 기록을 통하여 '정상', '비정상' 패턴을 도출

토대

새로운 이벤트가 발생했을 경우 '이상현상' 여부를 판단

캐나다의 온타리오 공과대학 신생아 집중치료실 : 환우의 각종 검사결과 수치를 수집•분석한 패턴을 도출 ⇒ 신생아 이상 징후를 감지하는데 활용

빅데이터 활용 시나리오

가까운 미래예측

- 빅데이터를 신속하게 수집•분석
- ↓
- 수 분, 수 시간, 수 일 후의 가까운 미래를 예측

'이용자의 마음이 변했다' 라는 사실 인지보다 '이용자의 마음이 변할 것 같다' 라는 사전 감지가 유용

캘리포니아 : 범죄자의 행동패턴 및 환경요인과 범죄발생과의 관계 분석 후 범죄 예상 장소를 매일 예측

포드 자동차 : 자동차 네비게이션이 운전자의 주행 이력과 패턴을 분석, 최단/최적의 경로와 연료 배분을 제안

빅데이터 활용 시나리오

현재 상황분석

- 빅데이터를 이용하여 지금까지 보지 못했던 사업의 여러 측면을 분석, 가능
- ↓
- 자사의 현황을 보다 명확하게 이해

- 일본의 서철(西鐵)스토어3(Nishitetsu Store) : 매일 단일 상품별 원가율과 원가 변동 추이를 분석하여 이익률이 높은 상품에 대한 일자별 주력 마케팅 정책을 수립

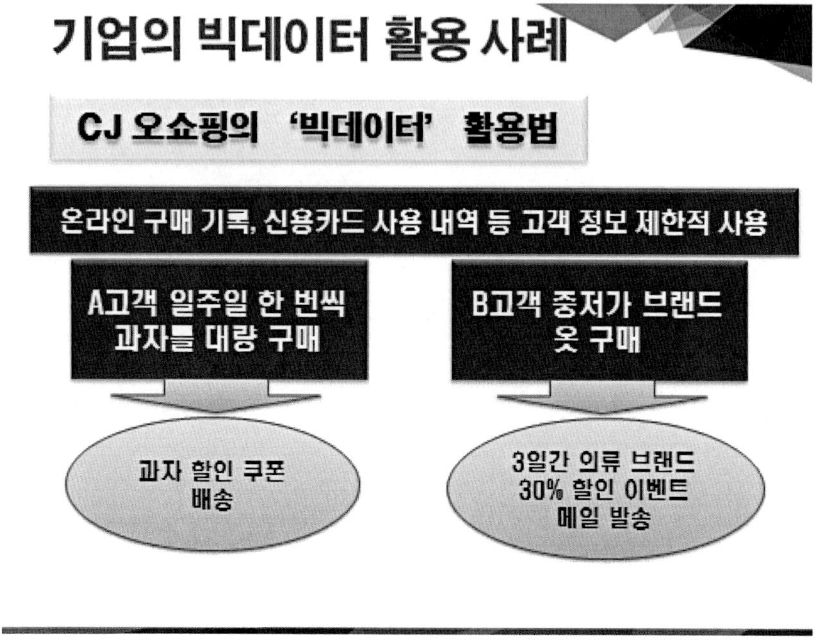
기업의 빅데이터 활용 사례
CJ 오쇼핑의 '빅데이터' 활용법
온라인 구매 기록, 신용카드 사용 내역 등 고객 정보 제한적 사용
A고객 일주일 한 번씩 과자를 대량 구매
B고객 중저가 브랜드 옷 구매
과자 할인 쿠폰 배송
3일간 의류 브랜드 30% 할인 이벤트 메일 발송

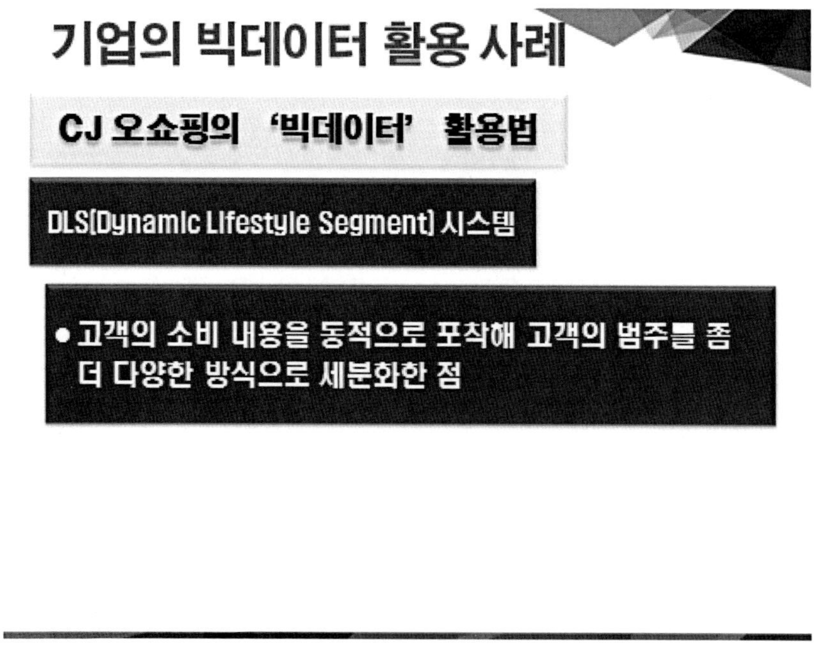
기업의 빅데이터 활용 사례
CJ 오쇼핑의 '빅데이터' 활용법
DLS(Dynamic Lifestyle Segment) 시스템
• 고객의 소비 내용을 동적으로 포착해 고객의 범주를 좀 더 다양한 방식으로 세분화한 점

기업의 빅데이터 활용 사례

CJ 오쇼핑의 '빅데이터' 에 기반한 고객 분류

철없는 사람들
여름엔 겨울 용품, 겨울엔 여름 용품을 저렴하게 구입하는 소비층

모바일 린백(Lean back)족
늦은 밤 시간에 모바일로 쇼핑하는 사람들

삼각팬티 입는 남자
삼각팬티를 입고 세련된 패션 스타일을 추구하는 30~40대 남성

기업의 빅데이터 활용 사례

CJ 오쇼핑의 '빅데이터' 에 기반한 고객 분류

내 집안 빕스족
요리를 귀찮아하지만 고급 식생활을 추구하는 사람들

옷 입혀 주는 여자
감각적으로 남편 패션 스타일을 지도하는 여성

그루밍족
외모에 관심이 많아 의류와 미용품을 자주 구매하는 남성

쇼루밍족
오프라인 매장에서 물건을 보고 온라인에서 비슷한 물건을 구매하는 사람들

기업의 빅데이터 활용 사례

CJ 오쇼핑의 '빅데이터' 에 기반한 고객 분류

나오미족(Not Old Image)
자신을 위한 투자에 적극적이고 한 살이라도 더 젊어 보이기 위해 노력하는 중장년 여성

스칸디맘
교육에 목매달기보다 아이들과의 공감을 중시하는 관대한 부모

할머니맘
며느리나 딸 대신 손주를 키우며 대부분의 시간을 보내는 50~70세 할머니

기업의 빅데이터 활용 사례

CJ 오쇼핑의 '빅데이터' 에 기반한 고객 분류

모바일 출퇴근족
출퇴근 때 집중적으로 모바일 기기를 사용하는 사람들

기업의 빅데이터 활용 사례

CJ 오쇼핑의 '빅데이터' 활용법

스플렁크[Splunk] 시스템

- 온라인에서 발생하는 데이터를 실시간 수집, 분석할 수 있는 빅데이터 분석 전문 장비

→ 이를 통해 고객의 실제 쇼핑 목적 예측
온라인상에서 실시간으로 고객의 움직임을 좇으며
소비 행위 예측

〈9주차 강의 노트 및 PPT〉

빅데이터가 대통령을 만든다

— 정치담론에서의 빅데이터

〈9주차 강의 노트 및 PPT〉

9주차 강의노트: 빅데이터가 대통령을 만든다–정치담론에서의 빅데이터 : 정치가 빅데이터를 활용하는 법

▣ 버럭 오바마가 대통령에 당선된 핵심 동력은 무엇이었을까?

• 오바마가 대통령에 당선된 원동력

– 그의 탁월한 연설 능력, 진정성, 일관성 등 : 개인적 자질과 능력을 거론 → 인터넷이 없었다면?

– 하지만 인터넷이 없었다면 무명의 오바마가 대통령에 당선되지 못했을 것이라는 이야기도 강력한 근거

– 조지워싱턴 대학 정치연구소의 줄리 저머니 소장 : "오바마 캠프는 초기부터 온라인과 오프라인 선거 운동을 하나로 묶기 위해 인터넷을 사용했다. 인터넷은 그들 선거 운동의 중추 신경"이었다고 표현

• 오바마 선거 전략의 핵심 중 하나 : '하워드 딘 벤치마킹'

– (   ): 2004년 미국 대통령 선거에서 민주당 내 후보 경선에 나선 하워드 딘은 www.meetup.com이라는 소셜 네트워크 서비스를 통해 자신의 지지자들을 전국적으로 조직화하는데 성공

– 하워드 딘은 인터넷의 온라인 커뮤니티를 활용해 2700만 달러의 모금 기록을 세움.

– 오바마 캠프 : 인터넷의 온라인 커뮤니티에 주목 → 온라인 선거 캠프를 구성

– 페이스북 창업자 중 한 명인 크리스 휴즈에게 '온라인 조직 구루(guru)'라는 직책을 맡기고 오바마 캠프에 합류시킴.

– 크리스 휴즈는 선거운동을 소셜 네트워크와 모바일 인터넷에 연결시킴. → 오바마 선거운동 사이트 '마이보(MyBo, My Barack Obama)'를 구축해 150만 명의 자원봉사자를 확보.

• 오바마 선거운동 사이트 '마이보(MyBo, My Barack Obama)'의 활동 : 오바마 캠프의 자원봉사자들은 페이스북과 '마이보'를 이용해 친구 리스트, 오바마 지지 블로그 등 2만 7000개의 온라인 그룹을 만들거나 가입해서 선거 자금을 모았으며, 비슷한 성향의 사람들끼리 검색을 통해 오프라인 지지 모임을 만들고 토론방을 만들어 논의를 확산시킴.

결국 이들은 1300만 개의 지지자 이메일 주소를 확보해 아이오와 코커스의 기적을 이루어냈다. 그리고 400만 명의 기부자들을 통해 7억 5000만 달러를 모으기에 이르렀다. 기부 건수 10건 중 9건이 100달러 미만의 소액 기부였고, 아이오와 코커스까지 단 한 번의 모금 파티도 없이 온라인으로만 5500만 달러를 모았다. 전통적인 모금 행사와 지지행사를 통해 세몰이를 해 나간 힐러리와는 완전히 반대되는 전략을 구사했다고 할 수 있다. 그야말로 민중이 푼돈 모아 대통령을 만들어 준 셈이다.

▣ 오바마 이후 모든 선거는 소셜 네트워크 서비스(SNS)를 중시

오바마 이후 선거에서 소셜 네트워크 서비스의 중요성이 인식되었다. 이런 경향은 우리나라 서울시장 선거나 4 · 11 총선, 대통령 선거에서도 그대로 드러났다. 안철수의 지지가 결정적이긴 했지만 트위터와 페이스북을 적극 활용한 박원순이 서울시장에 당선되었고, 국회의원 후보들도 너나 할 것 없이 블로그, 페이스북, 트위터를 적극 활용하는 경향을 보였다.

▣ 선거와 SNS의 상호 관계

선거와 SNS를 논할 때 두 가지 관점에서 이야기가 이루어짐.
- "도대체 누가 될 것인가?"
- "SNS 활동을 어떻게 해야 당선될까?"

⇒ 빅데이터의 이슈에 해당
- 2011년 오바마 대선 캠프는 빅데이터 전문가를 구하는 광고를 함.
- 빅데이터 전문가는 따로 있는 것이 아니라 통계학자, 수학자, 데이터 마이닝 전문가, 예측 모델 전문가, 분석(해석)학자 들이 빅데이터를 다루는 전문가임.

• 빅데이터, 선거, SNS는 어떤 관계가 있는가?
- SNS는 대표적인 빅데이터 생산 시스템 : 페이스북, 트위터, 네이버 블로그, 다음 까페, 토론방 등
- SNS에는 수많은 이야기(Text)가 수시로 등록됨. → 서버 하드디스크에 기록 → 빅데이터 형성
- 페이스북, 트위터, 인터넷 블로그 등과 같은 곳에 올라오는 이야기들을 전부 분석하면 현재 민심의 동향이 어떤지, 누가 많이 회자되고 있는지, 어떤 이슈가 호응을 얻으며 뜨고 있는지, 어떤 주장이 인심을 잃고 있는지 알 수 있음.

- 문제는 그 수십억 개의 메시지들 하나하나에 대응해 전략을 수립하는 사람은 없음. → 이 때 필요한 것이 바로 빅데이터 분석임.
- 빅데이터의 데이터는 대개 과거에는 저장되지 않고 버려지던 디지털 데이터다. 디지털화가 불가능해서일 수도 있고, 너무 많아서 버릴 수밖에 없었을 수도 있다. 어느 경우건 표 형태(데이터베이스 형태)로 저장할 수 없는 데이터일 경우가 많다. 이를 '비정형(비구조화) 데이터'라 한다.
- 사람이 하는 말은 컴퓨터의 기계언어와 대비해 '자연언어(natural language)'라고 함 → 대표적인(   ) 데이터 : 정해진 형태가 없거나 약하기 때문에 컴퓨터로 분석하기가 매우 어려움.
- 사람이 한 말을 컴퓨터가 이해하도록 하는 문제를 자연언어 처리 기술이라고 함.
- 튜링 테스트
- SNS상에는 엄청나게 많은 자연언어 메시지들이 있음. → 빅데이터 기술은 고성능컴퓨터(클러스터 슈퍼컴퓨터)로 자연언어로 처리해서 컴퓨터가 이해할 수 있는 형태로 전환
- 각 메시지가 어떤 사안에 부정적인 내용인지 긍정적인 내용인지, 누구에게 동조하는지 반대하는지 등을 유형별로 구분(통계 · 수학학자) → 텍스트들이 누구를 통해 어떻게 퍼져 나가는지, 전체 사용자 중 몇 %나 어떤 사안에 동조 혹은 반대하는지 등을 분석(분석 · 해석학자) → 시시각각 변하는 의견을 실시간 모니터링해 선거 방향이나 이슈 동향이 어떻게 변화할지 예측(예측모델 전문가)
- 구글 트렌드 : 구글은 사용자들이 어떤 시기에 어떤 단어를 얼마나 검색했는지를 보여주는 '구글 트렌드' 서비스를 제. → 구글 트렌드에 검색된 단어들을 시기별로 잘 읽고 분석해도 예측이 가능할 수 있음.
- 인터넷에서 오가는 얘기들만 잘 분석해도 누가 당선될지 대충 짐작할 수 있음.

▣ 한국의 대선 후보 사례 : 박근혜 후보와 문재인 후보의 트위터 평판 비교

18대 대선에서는 트위터, 페이스북을 통하여 수많은 이야기가 오고 갔다. 우리나라에서도 SNS를 통한 선거활동이 가능하다. SNS를 분석한 결과가 기존의 여론조사와 일치할까?

국내 빅데이터 업계인 "펄스K"에서 감성분석 기술을 이용해 대선 후보의 트위터 평판을 살폈다. 트위터 평판은 대선 후보를 언급한 트윗 게시물에서 긍정언급만을 추려내어, 각 후보의 상호 긍정 대화 점유율을 비교하는 식으로 진행

했다.

분석 개요

- 키워드: 18대 대통령선거 후보(박근혜, 문재인)
- 기간: 11월 1일부터 12월 12일
- 규모: 560,478건(대선 후보를 언급한 트위터 1,774,854건에서 긍정 언급만을 추림)
- 방식: 감성분석 기술을 이용, 후보별 긍정 대화의 점유율을 날짜에 따라 비교
- 참고
  → 트위터 데이터는 펄스K(www.pulsek.com) 수집량 기준
  → 분석 기간은 대선 여론조사 결과가 공표된 가장 최근일(12월 12일)에 맞춤

수집한 긍정적 트위터 언급의 비중을 놓고 보았을 때, 박근혜 후보와 문재인 후보 간의 긍정 대화 점유율은 시간이 지날수록 그 격차가 줄어드는 것을 확인할 수 있다.

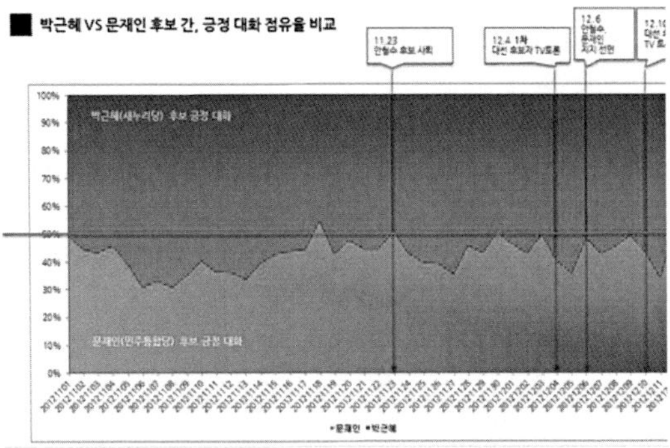

〈대선후보 트위터 평판 – 긍정 대화량 중심〉

위의 표를 살펴보면 안철수 후보 사퇴를 기점으로 박근혜, 문재인 두 후보 간의 긍정 대화량의 격차가 많이 줄어드는 것을 확인할 수 있다. 다양한 이슈에 따라 두 후보 사이의 긍정 대화 점유율이 오르락내리락하지만 시간이 지날수록 그 세가 비슷해지는 장면, 즉 추세적으로 양 후보 간의 긍정 대화 점유율이 50:50으로 근접하고 있는 것을 볼 수 있다.

위의 긍정 언급으로 살펴본 대선 후보 트위터 평판을 기존 여론 조사 지지율과 비교해 보았다.

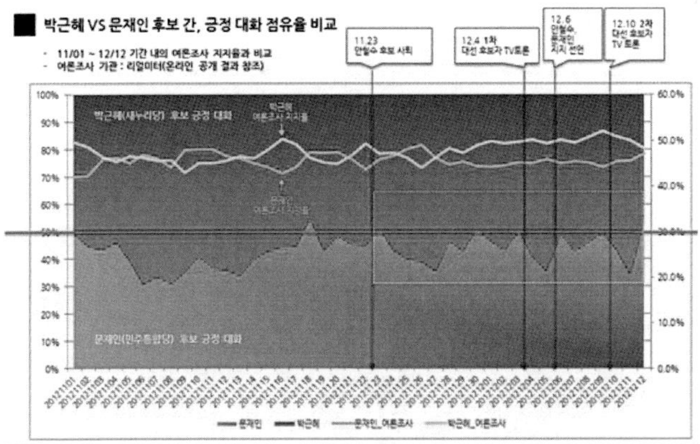

〈대선 후보 트위터 평판 – 긍정 대화량 + 여론조사 지지율〉

리얼미터에서 온라인을 통하여 공개한 여론조사 지지율과 후보별 긍정대화 점유율을 비교한 자료이다. 12월 12일 발표된 최종 여론조사 결과에 따르면 박근혜 후보와 문재인 후보 간의 지지율 격차는 오차 범위 내에서 좁혀진 것으로 나타났다. 앞서 살펴본 긍정 대화 점유율 비교에서도 이러한 현상을 관찰할 수 있었다.

각 후보의 긍정 대화 점유율은 여론조사 지지율과 마찬가지로 시간이 갈수록 그 격차가 좁혀졌다는 것이다. 즉, 긍정 언급 기반의 대화 점유율과 여론조사 지지율은 유의미한 관계를 갖고 있는 것을 알 수 있다.

출처 : 소셜 분석 / 펄스K 컨슈머리포트, 2012. 12. 17, 펄스K블로그, http://pulsek.tistory.com/233#trackback15536259

※ 토론 주제

1. 선거와 SNS의 영향력을 주제로 조별 토론을 진행해 봅시다.
- SNS가 선거에 미치는 영향 :
- 한국 정치에서 SNS가 큰 영향을 미친 사례를 찾아보고 그 사례에서 SNS나 관련 데이터들이 어떤 의미를 지니고 있는지 이야기해 봅시다.
2. 구글 트렌드 검색을 활용하여 최근에 이슈가 되고 있는 정치 관련 사안을 찾아보고 그 사안에 대해 토론해 봅시다.

빅데이터가 대통령을 만든다!

분석 개요

- 키워드: 18대 대통령선거 후보(박근혜, 문재인)
- 기간: 11월 1일부터 12월 12일
- 규모: 560,478건(대선 후보를 언급한 트위터 1,774,854건에서 긍정 언급만을 추림)
- 방식: 감성분석 기술을 이용, 후보별 긍정 대화의 점유율을 날짜에 따라 비교
- 참고
  → 트위터 데이터는 펄스K(www.pulsek.com) 수집량 기준
  → 분석 기간은 대선 여론조사 결과가 공표된 가장 최근일(12월 12일)에 맞춤

-1-

빅데이터가 대통령을 만든다!

■ 박근혜 VS 문재인 후보 간, 긍정 대화 점유율 비교

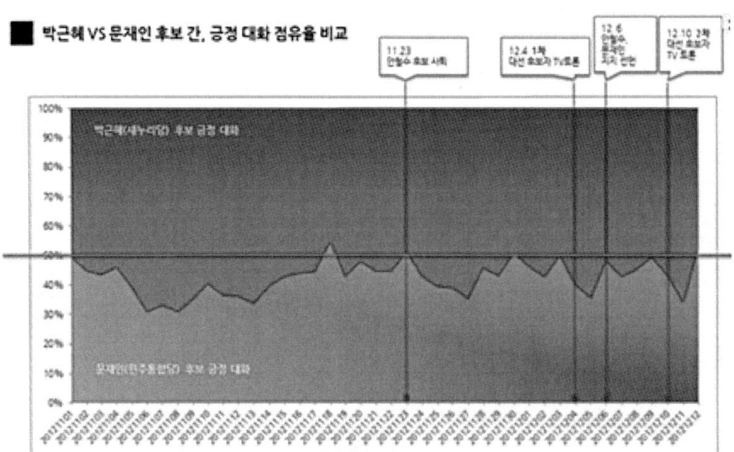

-2-

빅데이터가 대통령을 만든다!

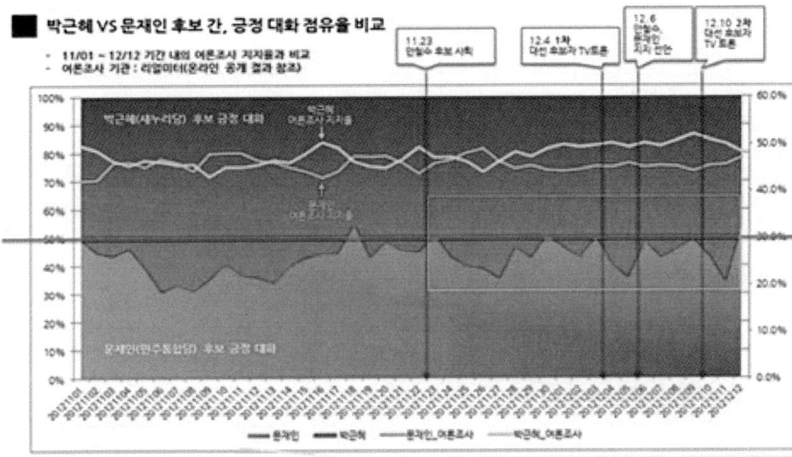

-3-

빅데이터가 대통령을 만든다!

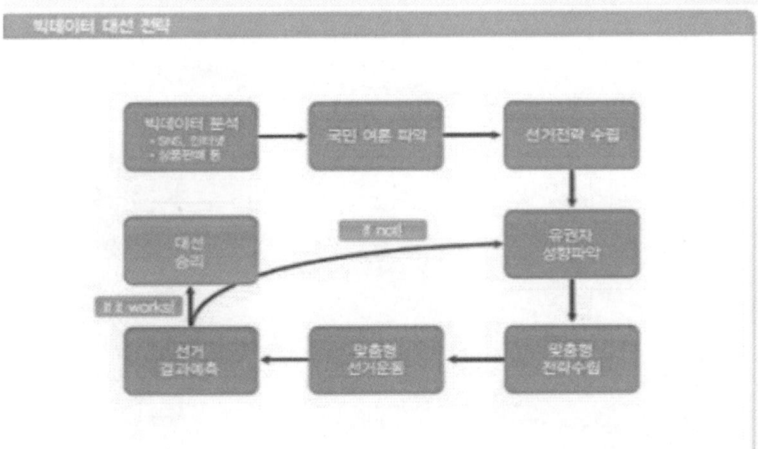

출처 : 한국정보화진흥원

-4-

빅데이터가 대통령을 만든다!

< 정책 수립 과정에서 빅데이터의 역할 >

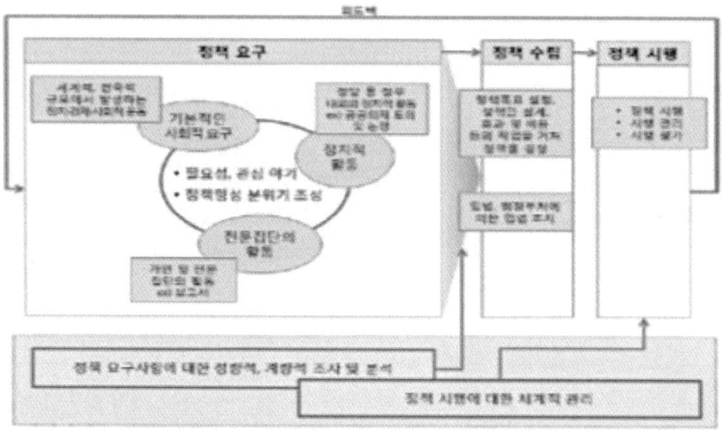

▲ [자료=한국정보화진흥원]

-5-

빅데이터가 대통령을 만든다!

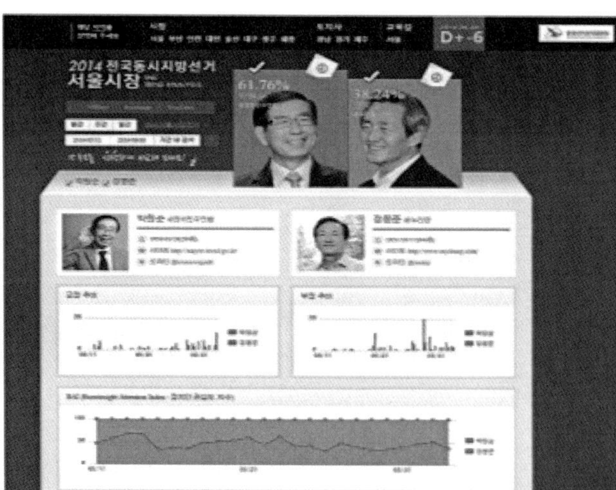

▲ 조이스2014로 살펴본 서울시장 넷심 결과 (집계 기간 : 14.5.11~14.6.3)

-6-

빅데이터가 대통령을 만든다!

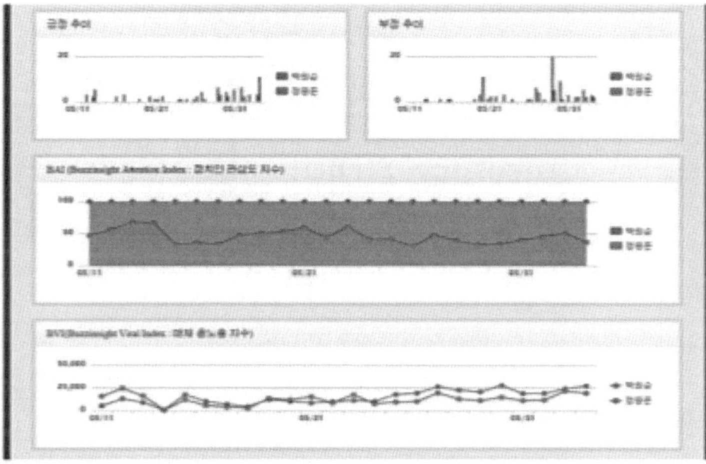

▲ 조이스2014는 유권자 넷심(心)분석으로 7개 선거구의 표심(心)을 적중했다.

-7-

빅데이터가 대통령을 만든다!

박원순 서울시장후보

지수	후보	5월 21일	5월 22일
BAI	박원순	41.2%	55.5%

=> BAI(정치인 관심도 지수) 증가

2014-05-22 18:55:00.0 from web 27 Followers

▲ 실제 이슈에 따라 영향을 받는 BAI(정치인 관심도 지수) 예: 박원순 서울시장후보

정몽준 서울시장후보

지수	후보	05월 12일	05월 13일
BAI	정몽준	53.8%	63.2%

=> BAI(정치인 관심도 지수)는 증가

[5/13 뉴스] 정몽준 아들 발언에 "철없는 아들 너그럽게 용서해달라" 논란 증폭

2014-05-13 22:37:00.0 from web 249 Followers

▲ 실제 이슈에 따라 영향을 받는 BAI(정치인 관심도 지수) 예: 정몽준 서울시장후보

-8-

〈10주차 강의 노트 및 PPT〉

빅데이터 시대의 성공 사례

〈10주차 강의 노트 및 PPT〉

10주차 강의노트: 빅데이터 시대의 성공 사례

1. 다음 기사문을 읽고 빅데이터를 활용할 수 있는 아이디어의 중요성에 대해 생각해봅시다.

미래부-서울대빅데이터연구원, '제2회 데이터톤' 실시

미래창조과학부와 서울대빅데이터연구원이 공동 주최한 '제2회 데이터톤(Datathon)'이 7일 서울대학교 제1공학관에서 개최됐다.

대학(원)생들의 데이터 활용 문화의 확산을 촉진하고 빅데이터 인재를 발굴하기 위한 목적으로 시작된 이번 대회는 미래부가 지정한 '데이터 매직 윅스(Data MAGIC Weeks)'의 마지막을 장식하는 행사로, 10월 27일부터 11월 3일까지 일주일간 총 22개 대학에서 100여 명이 넘는 학생들이 참여했다.

이번 대회는 대학(원)생들이 교통 · 관광 · 범죄예방 등 사전에 제시된 12개의 분야별 주제들 중에서 한 가지를 선정해 데이터 활용 아이디어를 제안하는 방식으로 진행됐다. 특히 경기도가 참여하여 광역버스 문제 해결 등의 현안을 주제로 제시하기도 했다.

이 중 빅데이터를 통해 '도시 시민의 안전과 치안 유지를 위한 방범 구역설정 및 순찰 루트 개선 방안'과 같은 범죄예방 분야에서 가장 많은 아이디어가 나왔다. '지역별 맞춤형 관광 서비스 개발'에 초점을 맞춘 관광 분야 등 다양한 분야에 걸쳐 창의적이면서도 현실적인 아이디어들도 나왔다.

우수 아이디어는 최종 발표 평가를 통해 선정했으며 대상인 미래부 장관상은 지역별로 범죄 관련 데이터와 GPS데이터를 활용해 심야시간 안전지역 알리미 서비스를 제시한 서울과학기술대학교 '화이트빅브라더'팀이 수상했다. 미래부 장관상, 경기도지사상 수상한 총 6팀에게는 총 650만원 상당의 상금과 상장이 수여됐다.

강성주 미래부 정보화전략국장은 "짧은 기간에도 불구하고 학생들의 다양하고 참신한 아이디어들에 놀랐다"며 "대한민국이 데이터 강국으로 도약할 수 있도록 지속적으로 데이터톤을 이어 나가겠다"고 말했다.

2. 다음의 기사문을 읽고 빅데이터를 활용한 안전관리정책에 대해 살펴봅시다.(빅데이터의 활용도와 가치에 대해서도)

지난 27일 서울 마포구 마포대로 국립재난안전연구원 회의실에 들어서자 대형 전자상황판이 눈에 들어왔다. 화면에 표시된 실시간 구름사진을 확대하자 비가 오는 지역이 구체적으로 나타났다.

몇 가지 설정을 하자 폭우가 내리는 지역에서 시민들이 올린 트위트 글 내용과 동향은 물론 현장 폐쇄회로(CC)TV 영상, 거기에 지난 몇 년간 폭우피해 상황까지 한눈에 들어왔다. 심지어 현장에서 스마트폰에서 찍은 영상까지 실시간 전송돼 현장 상황을 파악할 수 있었다.

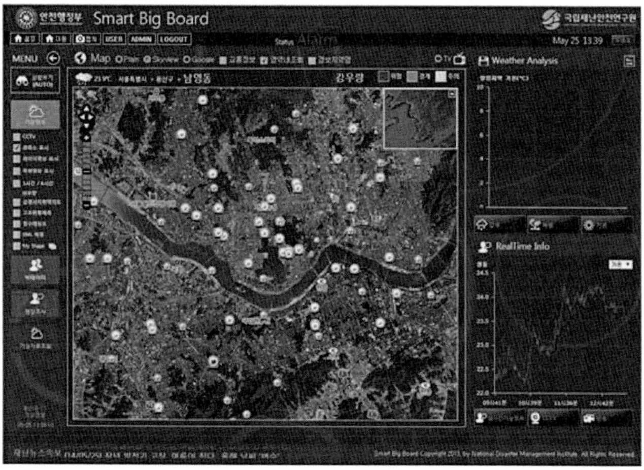

▲ 지난 27일 서울 마포구 국립재난안전연구원에서 공개된 '스마트빅보드'. 서울 전역을 보여주는 구름사진에 비가 내리는 지역이 구체적으로 표시돼 있다.국립재난안전연구원 제공

만약 세월호 침몰사고 당시 중앙재난안전대책본부(중대본)에 이 기술이 있었다면 그 모든 혼란과 참사를 막을 수 있지 않았을까라는 생각이 들었다. 당시 중대본 직원들은 이런 첨단 시스템이 아니라 TV 생중계를 보면서 재난 상황을 파악하는 처지였다.

연구원에 앉아서 전국 폭우피해를 모두 확인하는 게 가능하도록 한 것은 빅데이터와 스마트 정보통신기술(ICT)을 접목한 '스마트빅보드'(스마트 재난상황관리시스템) 덕분이다. 마치 영화 '본 얼티메이텀'처럼 현장 요원들이 권총에 부착한 소형카메라로 전송한 영상을 지휘통제실에서 실시간 전송받고 분석하는 장면을 떠올리게 했다.

이종국 연구원 재난정보연구실장은 "최근 완성한 스마트빅보드는 영화보다 더 나아가 소셜네트워크를 통해 올라오는 재난안전 관련 정보까지도 포괄하는 빅데이터 분석기술을 접목했다"고 설명했다.

스마트빅보드는 연구원이 지난해 3월부터 개발하기 시작한 재난안전 총괄지휘 플랫폼이다. 기상청 날씨정보와 지진 · 해일 정보 등 12개 기관 31개 빅데이터를 연계시켰고, 스마트폰 등 현장 정보도 실시간 연동이 가능하다. 거기에 더해 페이스북, 트위터 등 실시간 소셜네트워크 서비스 정보를 하나로 통합했다. 이미 인천소방안전본부와 부산시, 대전시, 전북도 등이 도입을 결정했다.

여운광 연구원 원장이 스마트빅보드 개발에 나선 것은 기존 재난상황관리시스템이 재난안전 관리에 한계를 보이고 있다는 점을 절감했기 때문이었다. 각종 정보시스템이 정부 부처별로 분산 구축돼 있는 바람에 통합관리와 정보연계가 원활하지 않았다.

세월호 참사를 계기로 안전행정부에서도 스마트빅보드의 중요성을 새롭게 인식하기 시작했다. 최근 안행부는 정부3.0 브랜드과제별 추진계획에 스마트빅보드를 포함시켰다. 이에 따라 내년까지는 국가 재난상황 관리체계 구축기반을 마련하고 2016년까지는 확대보급과 국민서비스 기반 구축, 2017년 이후에는 국가 재난안전 상황관리 네트워크 구축과 산업화에 나선다는 복안이다.

3. 빅데이터가 활용되는 구체적인 사례를 찾아봅시다.

– 다음 사례에서 빅데이터는 어떻게 활용되고 있나요?

앱 소개

- 앱 이름 **멜론**
- 카테고리 음악
- 용량 iOS - 44.6 MB / 안드로이드 - 기기에 따라 다름.
- 개발사 LOEN Entertainment Melon
- 가격 무료
- 앱 다운로드 iOS › 구글플레이 ›

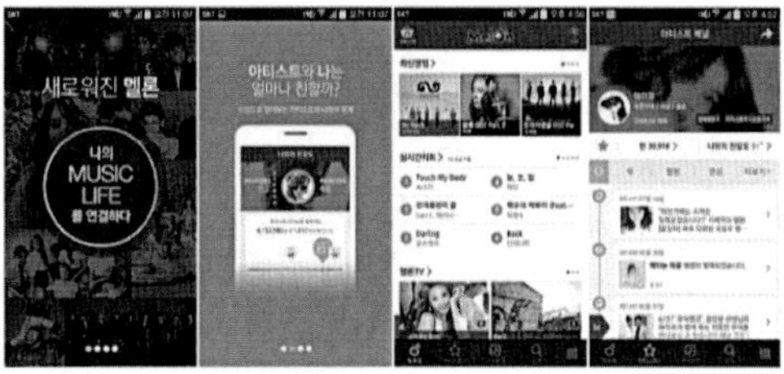

앱 소개

- 앱 이름 **메디라떼**
- 카테고리 건강 및 피트니스
- 용량 iOS - 7.3 MB / 안드로이드 - 2.7 M
- 개발사 AD Ventures Inc.
- 가격 무료
- 앱 다운로드 iOS › 구글플레이 ›

개인의 영화 취향을 분석해서 선호할만한 영화를 추천해주는 앱인 '왓챠(watcha)'는 엉터리 영화 평점이나 나의 취향과 전혀 다른 사람들의 평가로 인해 시간과 돈을 날리는 낭패를 줄여주는 서비스이다. 왓챠는 기본적으로 사용자 본인이 직접 매긴 영화 평점을 토대로 해서 수많은 사용자들의 평점과 영화적 취향, 건호도 등을 수집한 빅데이터를 분석, 내가 좋아할만한 영화를 추천해준다. 또한 내가 평가를 내리지 않은 영화에 대한 예성 평가도 내려준다. 이런 분석은 우선 나와 동일한 영화를 보고 좋은 평가를 내린 사용자들의 데이터 중에서 내가 아직 보지 않은 영화이면서 나와 취향이 일치하는 사용자들이 좋은 평가를 내린 영화를 내게 추천하는 식이다. 또한 내가 좋은 평가를 내린 영화의 감독이 만든 영화나 좋은 평점을 준 영화의 주인공이 출연한 영화, 내가 주로 보아온 장르의 영화 등 다양한 기준에서 추천을 해주기 때문에 신뢰도가 높다.

1억 건 이상의 영화 평가 데이터를 보유하고 있는 왓챠는 최근 버전업을 통해 극장 상영 시간표를 확인하고 앱에서 곧바로 예매까지 할 수 있는 기능을 제공하게 되었다. 또한 TV나 스마트폰으로 곧바로 볼 수 있는 무료영화에 대한 정보를 제공하며, 주로 함께 영화를 보는 지인을 무비파트너로 등록해서 함께 볼만한 영화의 추천도 가능해 졌다.

영화와 마찬가지로 음악 역시 개인적인 취향이 지극히 많은 영향을 주는 분야이기 때문에 빅데이터를 이용한 서비스가 효과적일 수 있다. 국내 유명 음원 서비스인 멜론도 서비스를 개편하면서 빅데이터를 이용하게 되었다. 멜론은 10년간 서비스를 유지해오며 축적된 2400만 명의 이용자들이 이용한 음원 사용 이력과 사용 행태 등 빅데이터를 그 동안 쌓아두기만 하다가 최근 이를 분석해서 아티스트와 사용자들을 엮는 생태계로 구축하기 시작한 것이다. 음악 소비 데이터를 기반으로 아티스트와 사용자의 친밀도를 개인별로 각각 도출해서 알려주며, 나의 음원 소비를 이용해서 내가 가장 좋아하는 아티스트나 나도 모르게 끌렸던 음악 등을 찾아주기도 한다. 이런 분석 데이터는 아티스트들에게도 제공되어서 연령대나 지역 등 다양한 분류 기준으로 어떤 사용자들이 이 아티스트를 좋아하는지 알려주기 때문에 새로 활동을 할 때에 어디에 타킷을 두고 마케팅을 하면 더욱 효과적일지 미리 예측할 수 있게 된다. 사용자 입장에서는 내가 즐겨 듣던 음악이나 아티스트를 체계적으로 정리해서 확인하는 재미도 느낄 수 있고, 또 내가 잘 모르던 아티스트나 음악 중에서 내 취향에 잘 맞을 가능성이 높은 데이터를 제공 받기 때문에 실패 없이 새로운 음악과 아티스트를 접할 수 있다.

병원 매칭 서비스인 메디라떼는 과목별 거리별 후기별 다양한 정보를 이용해서 사용자가 원하는 병원을 추천해 주는 서비스이다. 지역설정을 이용해서 가까운 병원의 친료과목이나 진료시간, 보유 장비와 의료진, 부가정보, 위치정보 그리고 후기를 확인할 수 있으며, 앱 내에서 곧바로 전화 상담이나 등록된 병원에 한해 카톡 상담도 가능하다. 인터넷 상의 영화 평점과 마찬가지로 가짜 후기로 인한 잘못된 정보나 추천이 발생할 수 있는 점을 감안하여 건강보험심사평가원에서 제공하는 정보를 통해 실제로 해당 병원을 이용한 사용자에 한해 후기를 남길 수 있으며, 분석을 위한 데이터 자체도 건강보험심사평가원의 빅데이터를 활용, 분석해서 사용하고 있다.

4. 나의 SNS활동과 빅데이터의 관계에 대해 생각해봅시다.

〈11주차 강의 노트 및 PPT〉

빅데이터로 읽는 역사

— 역사에서 빅데이터 활용 및 오해와 진실

〈11주차 강의 노트 및 PPT〉

11주차 강의노트: 빅데이터로 읽는 역사

▣ 역사학 · 문화인류학과 시뮬레이션

• 로마 제국 심시티 시뮬레이션(교재 p.134~)

로마 제국이 멸망한 결정적 동기는 무엇인가? 무엇이 바뀌었다면 제국은 사라지지 않았을까? 역사에 '만약'이란 말은 필요 없지만 컴퓨터상에 로마 제국과 비슷한 사회 네트워크를 만들어 놓고 로마 황제가 시행했던 법률이나 정책의 내용을 조금씩 바꾸어 가며 어떤 결과가 초래되는지 시뮬레이션해 볼 수 있다.

"심시티"나 애플리케이션 "심시티디럭스"는 가상 시뮬레이션 게임이다. 이 시뮬레이션 게임에 로마 황제들이 시행했던 정책을 시뮬레이터에 반영하고 역사상 기록되어 있는 수치들 가령, 인구, 관료의 수, 세율, 평균수명, 화폐 가치 하락 등의 값을 설정한다면 실제로 시뮬레이션으로 로마 제국의 번영과 멸망의 재현 과정을 확인할 수도 있다.

물론 그렇게 만들어진 컴퓨터상의 모델이 당시의 로마 사회를 제대로 반영하는지 확인할 방법은 없다. 그러나 이 경우 '예측 가능성'에 대한 '의사결정'을 이끌어낼 수 있다. 또한 시뮬레이션이 제국의 미래 수치를 얼마로 어떻게 계산하는지를 보고 어떤 정책이 가장 결정적 영향을 미쳤는지 파악할 수도 있다.

어떤 모델에서는 특정 정책이 가장 의미가 클 수도 있고 다른 모델에서는 다른 정책이 더 큰 의미를 가질 수도 있기 때문에 이 경우에도 누구의 주장이 옳은지 절대적으로 판단할 수는 없다. 단, 적어도 '사람이 보기에 말이 되지만 시뮬레이션으로는 도저히 나올 수 없는 주장'인지 여부는 알 수 있다.

– 역사학자들은 여러 시뮬레이션 결과와 빈도를 살펴보고 어떤 주장이 옳았는지에 대한 통찰을 얻을 수 있다.
– 슈퍼컴퓨터가 역사학을 대체하는 것은 무리라 할지라도 역사학의 도구 정도로 자리 잡을 수는 있다.
– 여기서 인류는 더 많은 역사적 통찰과 교훈을 얻을 수 있을지도 모른다.

• 문화인류학과 같은 문과 학문 분야에도 적용(교재 p.135~)

문화인류학자 마빈 해리스는 왜 인도에서는 소를 신성시하고 이슬람에서는 돼지나 비늘 없는 물고기를 먹지 않는지, 왜 마야나 아즈텍 문명에서는 인신 공양을 위해 대규모 포로 확보 전쟁을 일삼았는지 등을 논한다. 해리스는 제한된 자원 환경에 놓인 집단이 생존을 위해 가장 효율성 높은 선택들을 규범화한 결과가 이해할 수 없는 문화적 관습으로 나타난다고 주장했다.

* 인도에서 소를 신성시하는 이유는 무엇인가?

인도에서 암소 숭배는 생활 유지에 가장 필요한 노동력인 수소와 암소가 배출하는 생활필수품을 기아나 전쟁 등 어떤 위기에서도 생산할 수 있도록 만들어진 가장 효율적이고 강력한 방법이라는 것이다. → 인도에서 쇠똥은 연료로 사용되고 있음.

기아나 전쟁 등의 극한 위기에서는 눈앞의 위기를 넘기 위해 암소라도 잡아먹으려할 것이다. 그러나 암소가 없으면 연료를 확보할 수 없어 얼어 죽게 되고 당장의 위기를 넘긴다 해도 수소를 낳지 못함으로써 농업 생산성의 저하로 굶어 죽는 것을 피할 수 없게 된다. 해리슨은 인도의 암소 숭배는 소 이외의 방법으로는 생존을 유지할 수 없는 상황에서 집단이 선택한 가장 효율적인 선택이었다고 주장한다. 그의 모든 저작에서는 "외적 물리적 환경이 이러이러하고 그 상황에서 가장 효율적인 선택은 이것이었으며, 그 외의 선택은 집단의 멸족을 초래했을 것이다." 식의 유물론적 논지가 과거나 20세기, 미개인의 문화나 선진국의 사회를 가리지 않고 일관되게 주장된다. 그는 그런 관점으로 현실을 해석할 뿐 아니라 지금은 존재하지 않는 문화의 실체를 추정하기까지 했다.

*** 중남미 중세 문명에서의 전쟁 사례 : 그들은 왜 인신 공양을 해야 했는가?**

- 중남미 원주민들은 중앙아메리카의 식생 자원 고갈로 '먹기 위해 인신 공양을 했다'는 주장
- 컴퓨터 시뮬레이션을 통해 참과 거짓을 가릴 수 없는 주관적 주장에 대해 진위 판별 기준을 제시할 수 있음
- 사회 네트워크를 모델링하고 시뮬레이션해서 비슷한 결과가 나왔다고 그 모델이 실제 사회를 잘 반영한다는 것은 아님
- 가능성이 낮은 주장들을 걸러내고 보다 개연성 높은 가능성들에 대한 통찰을 이끌어내고 제시함

〈심시티 시뮬레이션 게임〉

▣ 인문학과 빅데이터

*** 인종별로 거주 구역이 나누어지는 이유는 무엇인가?**

: 미국의 경제학자 토머스 셸링은 '인종별로 거주 구역이 나누어지는 것은 인종차별주의가 아닌 다른 이유 때문'임을 밝혀냈다. 그는 인종별로 거주 구역이 나누어지는 것은 사람들이 적극적인 인종차별주의 때문이 아니라 '다른 사람들과 다른 소수파가 되기 싫다.'는 미시적이고 소극적인 이유만으로도 거시적으로 극단적인 인종 분리가 일어난다고 입증했다. 즉 '주변에 백인은 나와 몇 집뿐이네. 다른 동네에 조건 좋은 집이 나오면 이사해야지.' 정도의 생각만으로도 동네별 인종이 완전히 분리된다는 것이다.

– 셸링의 입증 : 컴퓨터 게임 식으로 설명

바둑판에 처음에는 흰 돌과 검은 돌이 아주 고르게 섞여서 전체 반상에 배열되어 있다고 가정한다. 그리고 각 돌을 이동 원칙에 따라 움직인다. 돌 하나의 주위는 여덟 개의 돌이 둘러쌀 수 있으므로, 특정 시점에서 같은 색의 돌이 인접 지역에 두 개밖에 남지 않으면 어디로든 이동시킨다. 이를 거리에 적용하면 자기 집을 포함해 인근의 아홉 집 가운데 여섯 집이 자신과 다른 인종이면 이사를 간다는 것.

이 과정을 컴퓨터로 반복하든 손으로 반복하든, 좌우간 무수히 반복하면 최종적으로는 흑백이 군데군데 나뉜 '인종 분리 지도'가 나타남. → 어디에도 인종 차별주의자는 없지만 인종 분리가 이루어지는 것.

- 토머스 셸링 : 2005년 노벨 경제학상 수상, 논문 「인종 분리의 동적 모델」

  사회경제적 현상 해석에 수학적, 계산학적 모델을 성공적으로 적용한 대표적 성과

- 인간 사회의 복잡성과 철학성은 수리화, 기계화의 대상이 아니라는 것이 우리나라의 전통적 학문관
- 정치학, 사회학, 역사학, 철학, 심리학 등과 같은 학문들을 과학과 별개로 생각
- 근본 이유 : 사회적, 역사적 사건의 원인을 규명하거나 앞으로 발생할 일을 예측하는 것이 너무 어렵기 때문임
- 과학이란 '현상에 대해 모델을 세우고 모델을 이용해 일어난 일 혹은 일어날 일을 설명하고 재현하는 활동'
- 사회, 역사, 정치 등과 같은 분야는 모델링이 어렵고 잘 맞지 않음 → 인간의 사회가 너무 복잡하고 특정한 영향력을 일으키는 역학 관계를 다른 측면의 역학 관계와 분리하기 어렵기 때문임. → "복잡계 이론"
- 슈퍼컴퓨터, 빅데이터 기술의 발달은 이런 관점에 근본적 변화를 불러일으키고 있음.

• 빅데이터 기술의 발달과 앙상블 예측

- 알려진 과거의 조건 하에서 컴퓨터로 실행한 사회 네트워크에 대한 시뮬레이션 결과가 실제 과거의 결과와 일치한다면 해당 모델은 믿을 만한 후보가 될 수 있음. 그리고 이런 모델들도 여러 개가 있을 수 있다. 따라서 더 많은 과거 기록과 비교하여 더 잘 맞는 모델이 진짜 사회에 가깝다고 추정해야 한다. 이것이 전통적 방법과 다른 점은 검증 가능하고 재현 가능하다는 것이다. → 컴퓨터 계산에 의한 검증
- 네트워크 구성원들 각각이 어떤 원칙으로 행동하는지에 대한 가정들과 네트워크 구성원들 각각이 다른 어떤 구성원들과 얼마만 한 영향을 어떻게 주고받는지에 대한 설정을 구성.

  → 개별 구성원들의 행동 원칙에 대한 가정이 동일하더라도 어느 구성원이 어느 구성원과 여향을 주고받으며 얼마나 영향을 받는지 네트워크 구성 설정에 따라 무수히 많은 모델이 생길 수 있음.

  → 이 네트워크 구성 설정을 아주 조금씩 자동적으로 바꿔 가며 시뮬레이션

을 반복해, 그 결과값이 실제 과거 기록과 일치하는 모델들을 찾게 됨.
→ 이렇게 찾은 모든 모델들 사이에 공통된 특성을 찾을 수 있다면 우리는 해당하는 실제 사회 네트워크의 '눈에 보이지 않는 구조'를 모델링했다고 볼 수 있음.
→ 이 모델을 사용해 초기 입력값에 따라 미래가 어떻게 되는지 예측할 수 있음. 비록 정확하지는 않지만 '최소한 80%는 어떤 결과를 냈고 15%는 또 다른 결과를 냈으며, 5%는 무작위의 결과를 냈다.'는 식으로 개연성을 보여줄 수 있음. ⇒ "앙상블(ensemble) 예측"

▣ **역사학 · 문화인류학에 대한 소셜 미디어를 통한 검색어 활용**

• 소셜 네트워크 시뮬레이션
- SNS에서의 여론이나 의견 같은 것을 분석해 입력값으로 사용
- 빅데이터 기술로 시뮬레이션 입력값을 추출
- 소셜 네트워크 시뮬레이션 방식 : 사회 네트워크를 모델링 → 네트워크 구성원의 미시적 행동 원리를 정의 → 네트워크 전체가 거시적으로 어떻게 변화하는지를 관찰
- 소셜 네트워크 시뮬레이션은 SNS 상에서 어떻게 견해가 확산되고 여론이 형성되는지 시뮬레이션하는 용도로 쓰이고, 소셜 네트워크 시뮬레이션의 초기 입력값을 SNS에서 추출할 수도 있기 때문에 SNS와 밀접한 관계가 있을 수 있지만 SNS 시뮬레이션이나 SNS 자체는 소셜 네트워크 시뮬레이션과 다른 개념임.
- 소셜 네트워크 시뮬레이션을 통해 인문학적 주장들이 현실 세계를 더 비슷하게 재현해내는지 이론의 정확성을 검증하는 것이 가능해짐. 단, 그 주장이 컴퓨터상에서 현실을 정확히 재현해낸다고 해서 실제로 그 모델이나 주장이 실제 세계를 정확히 반영하는지는 알 수 없음.

• SNS를 활용한 소셜 네트워크 시뮬레이션 맵

우리는 역사적 인물에 대해 평가를 내린다. 그리고 그 인물을 존경하기도 하고 비판을 하기도 한다. 그럼 과연 "안중근은 훌륭한 사람인가?"에 대한 질문을 해보자. 가치 명제로 볼 때 한국 사람에게 안중근은 훌륭한 독립투사이며, 존경의 대상이 된다. 반면에 일본인의 관점에서 볼 때 안중근은 테러리스트에 지나지 않는다. 이것을 조금 더 좁혀 한국인 내에서도 안중근에 대한 평가는 다르게 나타날 수 있다. 그것은 소셜 미디어 검색을 통해 알 수 있다.

제11강
빅데이터로 읽는 역사

-3-

Today 학습 목표

- 역사의 빅데이터 활용 가능성과 시뮬레이션을 이해한다.
- 인문학에 기여하는 빅데이터의 사례를 통해 예측 및 의사결정 과정을 이해한다.
- 인문학에서의 빅데이터 활용 사례를 통해 빅데이터가 우리 사회에 미치는 영향을 토론한다.

-4-

'안중근' 탐색어 맵

기간: 2014-01-17 ~ 2014-02-17

○ 연관어

해석선택 전체 ▾ 연관어갯수 15개 ▾ 확인 확대보기

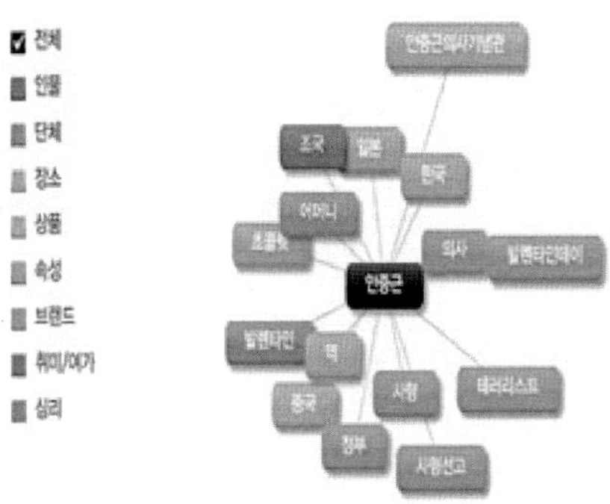

No.	연관어	분류	탐색건수
1	의사	속성	70,684
2	사형	속성	36,451
3	발렌타인	취미/여가	25,219
4	사형선고	속성	23,419
5	발렌타인데이	속성	22,993
6	중국	장소	20,052
7	일본	장소	16,742
8	테러리스트	속성	11,359
9	역	장소	10,909
10	한국	장소	10,369
11	정부	속성	10,206
12	[illegible]	장소	[illegible]

-5-

'안중근' 탐색어 추이

기간: 2014-01-17 ~ 2014-02-17

○ 탐색어 추이

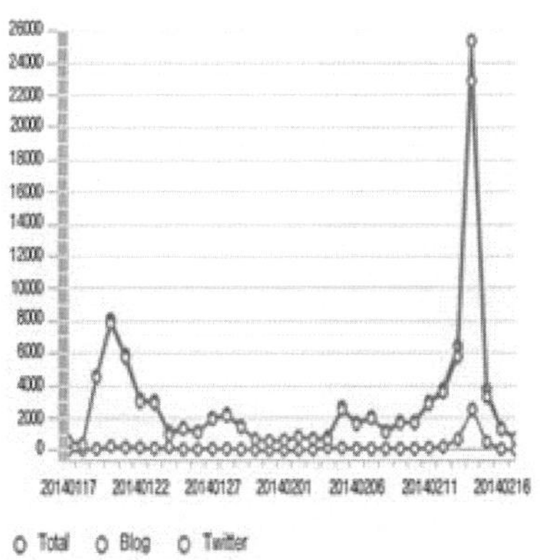

○ 긍/부정 추이

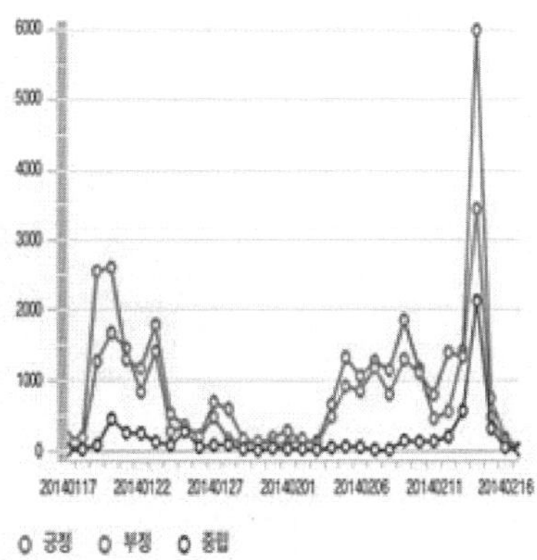

-6-

'안중근' 탐색어 여론

기간: 2014-01-17 ~ 2014-02-17

○ 긍/부정 연관어

매체선택 [전체 ▾] 연관어갯수 [10개 ▾] [확인] [확대보기]

- ☑ 전체
- ☐ 긍정
- ☐ 부정
- ☐ 중립
- ☐ 기타

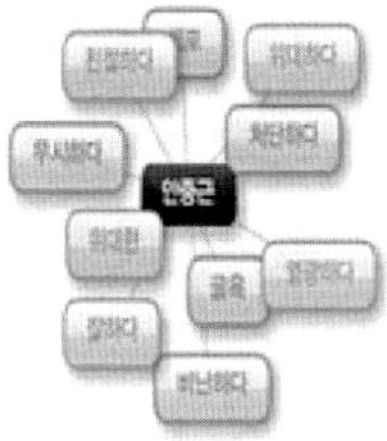

No.	연관어	분류	탐색건수
1	굴욕	부정	4,733
2	열광하다	긍정	4,646
3	무시하다	부정	2,522
4	위대한	긍정	1,683
5	비난하다	부정	1,509
6	처단하다	부정	1,370
7	위대하다	긍정	1,354
8	체포	부정	1,296
9	친절하다	긍정	1,229
10	잘하다	긍정	1,010

-7-

소셜 빅데이터로 역사 읽기

1) 안중근 의사, <역사저널 그날> 중에서

영상자료를 감상한 후 함께 토론해봅시다.

-8-

소설 빅데이터로 역사 읽기

1) 정조, <역사저널 그날> 중에서

영상자료를 감상한 후 함께 토론해봅시다.

-9-

〈12주차 강의 노트 및 PPT〉

메이저로 간 '괴물'

— 스포츠 산업과 빅데이터 활용

〈12주차 강의 노트 및 PPT〉

12주차 강의노트: 메이저로 간 '괴물'–스포츠 산업은 빅데이터를 어떻게 활용하고 있는가?

▣ 스포츠에서의 빅데이터 활용

• 빅데이터는 신속한 의사결정에 적절

빅데이터가 모든 문제를 해결하는 것은 아니다. 산업별로 IT 산업, 유통산업, 금융산업 등과 같이 최종 고객으로부터 충분히 디지털화된 데이터가 수집되고, 업무별로 마케팅처럼 자주 수행하며 신속해야 하는 의사결정에 적당하다.

– 충분한 데이터 수집

– 마케팅처럼 자주 주기적으로 수행

– 신속한 의사결정

미국의 야구에서는 오래전부터 객관적 데이터를 바탕으로 경기를 분석하는 '세이버메트릭스'가 하나의 학문 분야로 자리 잡고 있다.

• 세이버메트릭스(sabermetrics) : 야구에 사회과학의 게임이론과 통계학적 방법론을 적극 도입하여 기존 야구 기록의 부실한 부분을 보완하고, 선수의 가치를 비롯한 '야구의 본질'에 대해 좀더 학문적이고 깊이 있는 접근을 시도하는 방법론. 어원은 SABR(The Society for American Baseball Research) + metrics/metrician. 초기 SABR라는 모임을 중심으로 형성. 세이버메트리션들은 여러 가지 수리적 방법론을 동원해 야구라는 스포츠를 '분자 단위로 분해'

"내가 각 숫자들에 접근하는 방식은 기계공이 몽키 스패너를 들고 일을 시작하는 것과 크게 다르지 않다. 내가 시작하는 것은 늘 내 눈으로 직접 목격하거나 그 곳에 있었던 사람들의 목격담을 듣는 것이 가능한 경기들부터이다. 그리고는 스스로에게 묻는다. 이것은 진실인가? 그것을 증명할 수 있는가? 측정이 가능한가? 이것은 내 기계 전체 구조와 어떻게 들어맞는가? 그리고는 이에 대한 해답을 얻기 위해 각각의 기록들을 파고든다. (중략) 오늘도 야구는 수많은 기록들을 만들어내고, 사람들은 그에 대해 무척 많은 것을 이야기하고, 논쟁하거나 생각한다. 그런데도 왜 사람들은 그 자료들을 이용하지 않고 있는 것일까? 또는 왜 아무도 이런저런 자료들을 앞에 놓고 그것을 '증명해볼 것'을 요구하지 않는 것일까?" – 빌 제임스

야구를 흔히 '기록의 스포츠'로 부르지만, 1970년대까지만 해도 야구계에서 사용되는 비율 스탯은 20세기 초와 비교해 크게 달라진 것이 없었다. 타율, 평

균자책점 정도가 통용되고 부분적으로 출루율을 따지는 정도. 이러한 단순한 수준의 통계만으로는 올바로 야구를 이해할 수 없다고 보는 사람들도 있었으나, 마땅히 이를 보완할만한 통계적 수단이 없었다. 그러다 1970년대 들어 빌 제임스를 비롯한 몇몇 선구자들이 나타나 수학적, 통계학적 방법론을 도입한 새로운 기록 및 통계를 제시하게 되었고, 당시 금융업과 결합하여 급격히 성장하고 있던 미국 통계학계의 야구팬들이 이에 열광하면서 이러한 새로운 통계적 접근이 점차 힘을 얻게 되었다.

• 빅데이터에 의한 의사결절 활용 사례

미국 명문 프로 야구팀 중 하나인 샌프란시스코 자이언트의 선수 휴게실에서는 선수들이 경기 전이나 경기 도중 비디오 코칭 시스템을 이용하는 모습을 볼 수 있다.

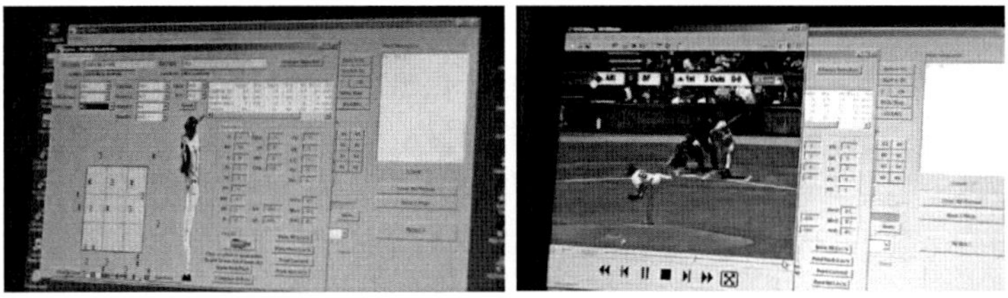

Source: screen shots from NetApp promotional video with the San Francisco Giants, March 15, 2010

이 시스템은 상대팀의 특정 피처에 대한 샌프란시스코 타자의 타격 과정을 단계별로 분석해 준다. 특히 좋은 결과를 얻지 못한 전 타석을 분석하는 데 활용된다. 상대팀 투수와의 과거 상대 기록은 물론 현재 경기에서 그 투수가 어떤 식으로 볼 배합(위치, 속도, 구종)을 했고, 이 중 타자의 배트가 나간 공은 어떤 공(위치, 구종 등)이며, 최종적으로 타격한 공이 나간 위치는 어디인지 등을 분석해 준다. 이미 2010년에 여기에 쓰이는 데이터양이 10테라바이트를 넘어섰다고 한다.

– 이전 시스템과의 비교

예전에는 비디오로 투수의 투구를 찍어 슬로모션으로 재생하는 방식으로 분석을 했다. 하지만 이제는 새로운 카메라 기술과 소프트웨어 덕분에 경기 도중 야구공의 정확한 속도와 위치를 디지털 데이터로 기록할 수 있어 수백 개의 혁신적인 통계 자료를 생성한다. 예를 들어 유격수가 2루와 3루 사이를 가르는 직선타에 얼마나 빨리 반응하며, 어떤 선수가 1루에서 3루까지 가장 빨리 달리는지,

그리고 어떤 우익수의 홈 송구가 가장 정확하고 빠른지까지도 쉽게 알 수 있다. 이러한 분석 소프트웨어를 활용하는 또 다른 분야는 선수의 부상을 예측하는 것이다. 마치 보험산업의 보험계리 업무처럼 수학 공식을 사용해 특정 선수의 부상 가능성을 경고하고, 심지어 시합 참가나 재활 훈련 여부를 결정하기도 한다. 실례로 LA 다저스는 지난 17년 동안의 데이터와 의료 기록을 바탕으로 특정 선수의 부상 확률과 원인을 예측하고 있다.

– 기타 ESPN의 야구 경기를 분석하는 iScore 앱

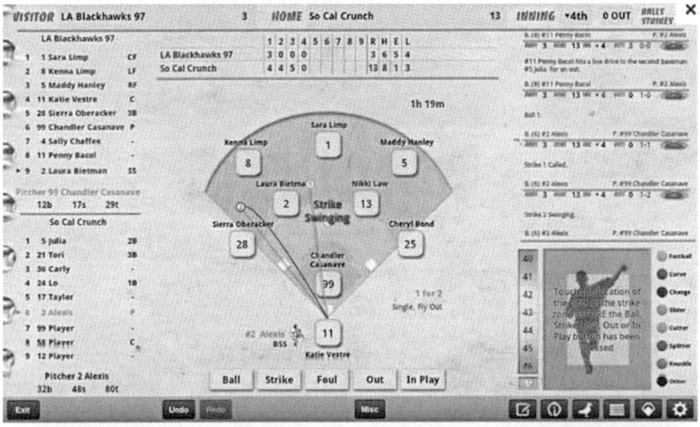

- 특정 팀에 대한 타격, 피칭을 분석해서 상대편 투수 공에 대한 우리 타자의 타격 방향, 거리, 위치 분석을 보여줌.
- 스트라이크 존에서 우리 타자의 타격 성향을 분석
- 그날의 경기에서 어떤 팀이 이길 것인가에 대한 확률을 제시함
- 기타 축구, 농구 등의 iScore 앱도 제공

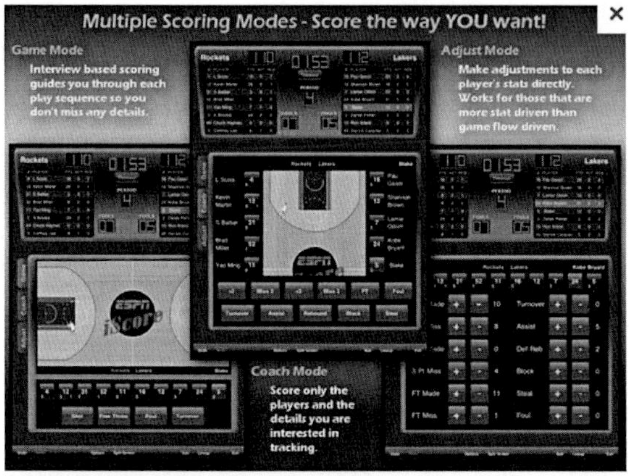

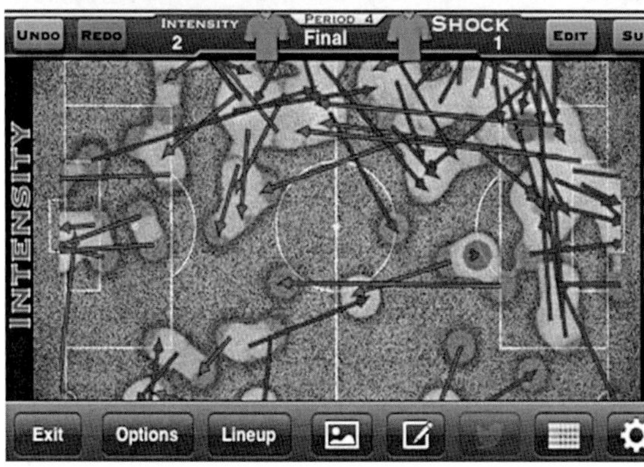

▣ 영화「머니볼(Moneyball)」의 빅데이터 활용

영화「머니볼」은 미국 프로 야구팀 오클랜드 애슬레틱스의 실화를 바탕으로 했다. 뉴욕 양키스와 같이 대도시를 연고로 하지 않기 때문에 TV중계료 등 수입이 적어 많은 돈을 투자할 여력이 없던 중소도시 오클랜드의 야구팀이 이름값 위주로 선수를 선발하지 않고 냉철한 과학적 분석(머니볼)으로 팀을 구성해 우승을 이끈다는 내용이다. 야구팀 단장 역의 브래드 피트는 메이저리그 만년 최하위 팀 오클랜드의 단장이다. 그는 매번 실력 있는 선수들을 다른 팀에 빼앗기기 일쑤인 오클랜드 애스레틱스를 살리기 위해 이전에도 시도해본 적인 없는 파격적 이론인 '머니볼'에 도전한다. 경제학을 전공한 피터를 스태프로 영입하고 오로지 경기 데이터에만 의존해 선수를 선발한다.(의사결정) 그러다 보니 부상이나 고령, 사생활 논란 등의 이유로 다른 구단에서 외면받은 선수들이 많았다. 하지만 이들은 화려하기보다는 승리할 줄 아는 선수들이었다. 2002년 오클랜드는 아메리칸리그 역사상 최다 연승 기록인 20연승을 이뤄냈고 아메리칸리그 서부지구 1위로 시즌을 마쳤다. 비록 포스트시즌에서는 미네소타 트윈즈에게 패해 리그 우승을 노려보진 못했지만 이것만으로도 모두의 예상을 뒤집은 놀라운 성과임이 분명했다. → "세이버메트릭스"

영화 「머니볼」은 빅데이터의 참 의미에 대한 힌트를 보여준다. 이 영화에서 눈여겨볼 부분은 데이터의 많고 적음이 아니라 데이터로부터 어떤 지혜를 얻는가이다.

빅데이터의 진정한 의미는 '커다란 지혜'를 얻는 데 있다. 사실 하둡, NoSQL(비관계형 데이터베이스 관리 시스템), 맵리듀스 등 빅데이터 고유의 기술들이 있지만 빅데이터 본질은 데이터 속에서 찾은 정보와 지식으로 고객에게 더 나은 서비스를 제공하고 경쟁자보다 우위에 서는 것이다.

스포츠와 빅데이터 기술

선수기록·성적 족집게 예측 '승리의 여신'
경기 데이터 수집·분석 팀 전략·훈련에도 적용 승률·경기력 향상 도움

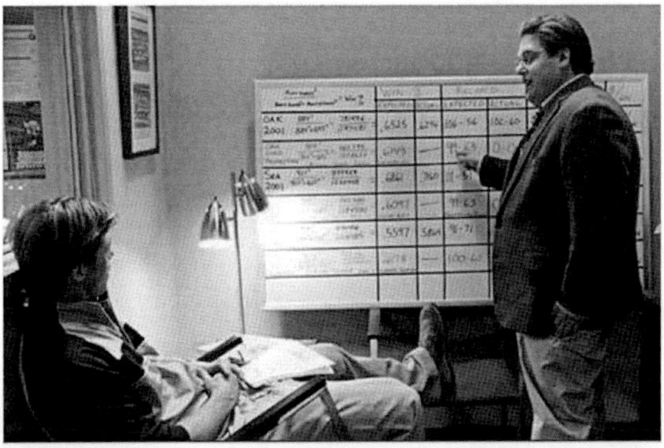

데이터 분석을 통해 메이저리그 야구 승률을 높이는 내용을 담은 영화 '머니볼'의 한 장면.

대량의 정형 또는 비정형 데이터 집합 또는 이런 데이터로부터 가치를 추출하고 결과를 분석하는 기술인 '빅데이터(Bigdata)'의 활용이 다양한 부문으로 확산되고 있습니다. 기존까지 데이터 분석은 기업들이 업무 역량을 확대하기 위해서 사용됐지만, 최근에는 스포츠와 심리분석, 선거, 기상 그리고 국가정책 등 다양한 부문에서 활용되고 있습니다.

특히, 스포츠 부문에서의 빅데이터 활용은 경기의 승패를 가를 정도로 주요하게 활용되고 있으며, 야구와 자동차 경주 F1 등은 일찍부터 빅데이터를 적용했습니다.

야구는 브래드 피트가 주연해 국내에도 잘 알려진 '머니볼'이라는 영화는 빅데이터가 경기에 얼마나 중요한 영향을 끼치는지 보여주고 있습니다. 영화에 등장한 머니볼 이론은 명성이나 추측에 의존했던 기존 방식과 달리 철저한 통계학을 통해 경기의 승률을 최대로 높일 수 있는 방식입니다.

머니볼 이론이란 경기 데이터를 철저하게 분석해 오직 데이터를 기반으로 적재적소에 선수들을 배치해 승률을 높이는 게임 이론입니다. '머니볼' 영화는 실화를 바탕으로 하고 있는데, 미국 메이저리그 베이스볼 오클랜드 어슬레틱스의 구단장 빌리 빈이 리그 전체 25위에 해당하는 낮은 구단 지원금 속에서도 최소비용으로 최대효과를 거둔 상황에서 유래되었습니다.

빌리 빈은 하버드대에서 경제학을 전공한 폴 데포 데스터를 영입하여 타율, 타점, 홈런 등 흥행 요소만을 중시하던 야구계에서 출루율, 장타율, 사사구 비율이 승부와 관련되어 있음을 간파하고 데이터를 수집해 선수들을 기용하는데 활용했습니다. 이를 통해 빈은 좋은 선수를 발굴하고 이들을 적재적소에 배치해 최하위에 그치던 팀을 4년 연속 포스트시즌에 진출시키고 메이저리그 최초로 20연승이라는 신기록을 세우도록 탈바꿈 시켰습니다.

그는 출루율과 장타율, 타수를 변수로 두고 적재, 적소에 타자를 기용하는 방법을 활용해 승률을 높였습니다.

분석에 활용된 '출루율'은 타율로 인정되지 않는 볼넷을 포함하여 타자가 성공적으로 베이스를 밟은 횟수의 비율, '장타율'은 타수마다 밟은 총 베이스를 계산해서 타격력이 얼마나 강한지를 나타내는 비율입니다. 출루율과 장타율 못지않게 '타수'는 한두 경기에서 낸 성적이 아닌, 수천 번의 타석에 들어 좋은 성적을 만들어낸 선수를 선별하기 위한 기초 통계자료입니다. 이처럼 한 선수의 타율에서 팀의 역대 시리즈 전적까지 모든 것을 숫자로 표현할 수 있다고 해서 야구를 '통계의 스포츠'라고 부르기도 합니다.

야구에서 최근 들어 과학기술과 카메라 기술의 발달로 더욱 정교한 데이터의 수집이 가능해졌으며 투구의 궤적 및 투수의 그립, 타구 방향, 야수의 움직임까지 잡아낼 수 있게 되었습니다. 이처럼 기존의 정형 데이터뿐만 아닌 비정형 데이터의 수집과 분석, 활용을 통해 최근 야구경기에서 빅 데이터의 중요성은 커지고 있습니다.

F1도 빅데이터가 광범위하게 사용되는 분야입니다. 넷앱에 따르면 F1 경기

를 통해 1년 동안 약 20테라바이트의 데이터가 생성됩니다. IT업체들은 F1 참가팀들이 최단 기간에 완주시간을 단축시킬 수 있는 가장 중요한 요소는 바로 고성능 데이터 관리 환경 기반의 빅데이터 분석이라고 강조하고 있습니다.

인피니티 레드불 레이싱 팀은 2013년 말레이시아 그랑프리에서 데이터 분석을 토대로 타이어 교체와 주유 등의 동선을 최소화해 맥라렌(McLaren)팀이 갖고 있던 기존 피트스톱 최고 기록 2.31초를 0.26초 앞당긴 2.05초를 기록했습니다.

또, 맥라렌 팀은 경기기록 단축을 위해 피트스톱을 두 번만 하는 것이 가장 유리하다고 판단해, 지난해 4월 상하이에서 개최된 중국 그랑프리에서 다른 팀(세 차례)과 달리, 두 차례만 피트스톱을 진행해 성적을 개선할 수 있었습니다. 예를 들어 자우버팀은 차량에 부착된 100여 개의 센서에서 생성된 타이어, 엔진, 차량온도와 연료상태 등의 핵심정보를 실시간으로 넷앱의 플렉스포드 데이터 센터(FlexPod Datacenter)로 전송해 분석해 기록을 단축하는데 활용하고 있습니다.

야구와 F1 뿐 아니라 다른 부분에도 다양한 부문으로 빅데이터는 확산되고 있습니다. 빅데이터를 활용하는 것이 선수들의 연습 못지 않게 기록을 단축할 수 있기 때문입니다. 또한, 최근에는 사물인터넷과 빅데이터를 결합해 스포츠 분석에 활용하고 있습니다. SAP에 따르면 독일 축구팀 중 한 곳은 연습시 축구공과 선수들의 몸에 센서를 부착해 연습 관련 정보를 빅데이터로 수집한 뒤 경기력 향상에 적용하고 있습니다.

제12강

메이저로 간 괴물

: 스포츠산업과 빅데이터 활용

-2-

Today 학습 목표

- 스포츠 문화 산업에서의 빅데이터 활용 사례를 통해 빅데이터에 의한 의사결정의 중요성을 이해한다.
- 각종 스포츠 경기 분석 기법을 통해 의사결정을 위한 빅데이터 처리의 흐름을 이해한다.
- 문화 산업에서의 빅데이터 활용 사례를 통해 산업별 활용 가능성을 토론한다.

-3-

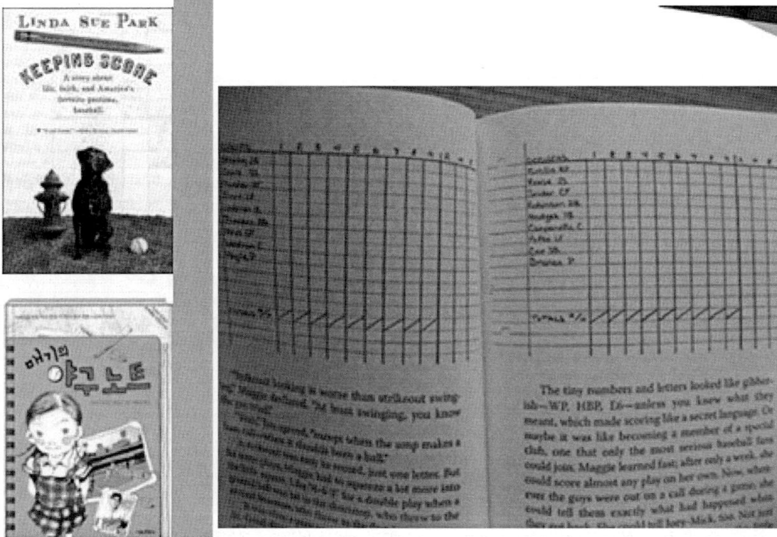

-4-

Source: screen shots from NetApp promotional video with the San Francisco Giants, March 15, 2010

-5-

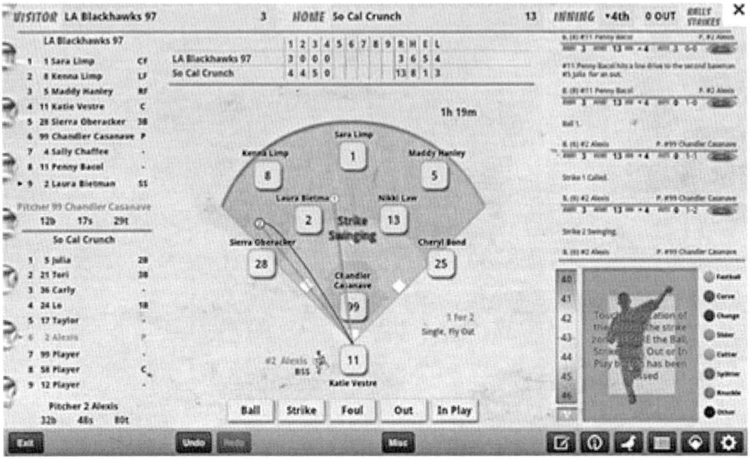
VISITOR LA Blackhawks 97
HOME So Cal Crunch
INNING 4th
0 OUT
1h 19m
Strike Swinging
Ball
Strike
Foul
Out
In Play
Exit
Undo
Redo
Misc

-6-

Defensive Substitutions
Pitch Tracking
Hit Locations
Tracking a play
Offensive Substitutions
ESPN
iScore
BASEBALL
Team Manager
Score a Game
Game Manager
League Manager
Player Manager
Options
Misc
Ball
Strike
Foul
Out
In Play
Exit
Undo
Redo

-7-

상대 선수에 대한 코스별 분석 자료 : Pitch F/X시스템

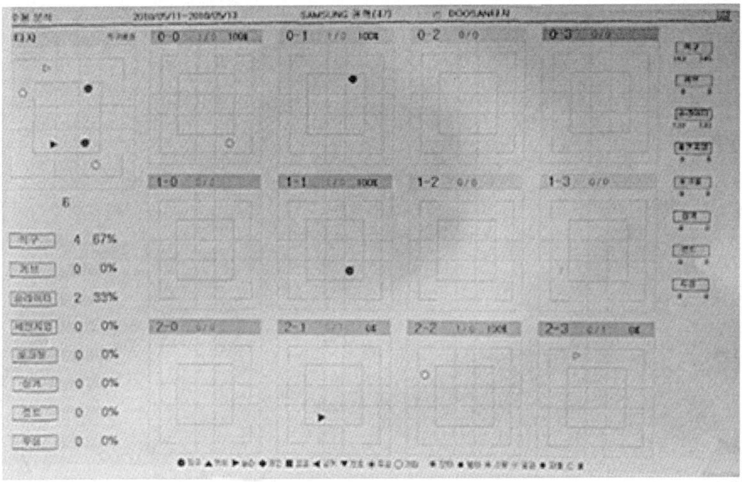

-8-

-9-

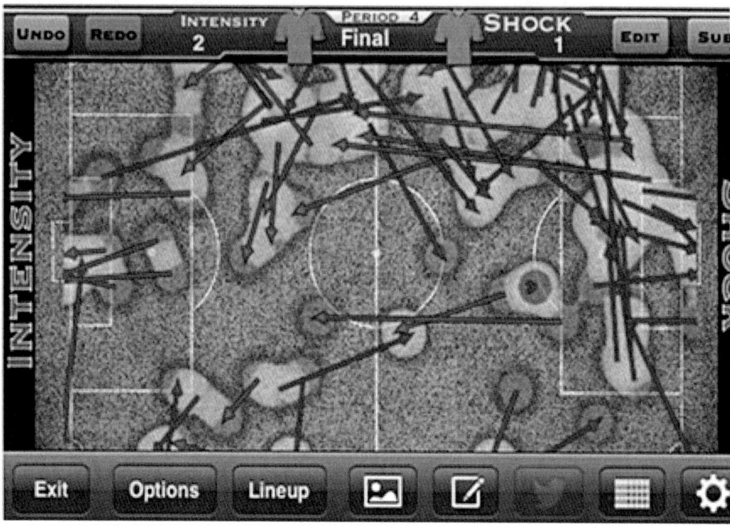

-10-

빅데이터 분석과 기술의 대표적 사례

"오클랜드의 구단주 빌리 빈은 '머니볼 이론'으로 불리는 빅데이터 분석을 통해 만년 하위권에 머물던 팀을 정상권으로 도약시켰다. 그는 타자들의 데이터를 분석하는 과정에서 출루율과 장타율이 종래에 각광받던 홈런, 타율, 타점보다 승리에 더 큰 영향을 미친다는 사실을 발견했다. 그리고 출루율과 장타율을 중심으로 선수들을 구성한 결과, 메이저리그 최고인 20연승의 대기록을 작성할 수 있었다."

-11-

토론 주제 :

영화 <머니볼>을 토대로 빅데이터와 스포츠산업의 관계에 대해 토론하시오.

〈14주차 강의 노트 및 PPT〉

메이저로 간 '괴물'

비정상회담! 빅데이터 시대의 뜨거운 감자 —잊혀질 권리 vs 데이터 활용의 자유 / 유토피아, 디스토피아, 데이터토피아

〈14주차〉14주차 강의노트: 빅데이터 시대의 뜨거운 감자 – 잊혀질 권리 VS 데이터 활용의 자유

▣ 한국의 빅데이터 활용의 문제점

• 소비 환경과 데이터 생산

한국 소비시장은 매력적인 테스트베드(시험시장)이다. 앞선 기술 트렌드를 접목한 제품과 서비스는 일단 한국 시장에 출시하여 검증을 받아보는 경우가 점점 늘어나고 있다. 이는 한국 소비자들의 높은 기술 수용성과 냉정한 비판 덕분이다.

특정 제품이나 서비스의 '신상'이 나오면 열성적인 얼리어답터들은 재빨리 이를 구매해 블로그나 동호회 등 각종 커뮤니티에 사용 후기를 올린다. 그러면 관심을 갖고 지켜보던 다른 소비자들도 뛰어들어 감상이나 찬반 의견을 내놓으며 한마디씩 거들기 바쁘다. 이내 다른 이들의 의견도 올라오면서 신상의 장단점은 낱낱이 파헤쳐지고 소비자를 기만하는 공급자의 꼼수는 없었는지 혹독한 검증이 뒤따른다. 이 과정에서 막대한 데이터 생산과 소비 현상이 두드러지게 나타난다. 한국의 대중들은 통신사들의 통신망 확충 투자를 무색하게 할 정도로 아낌없이 데이터를 이용하고 있다. 전 세계적으로 1인당 모바일 데이터 이용량을 비교해보아도 한국은 압도적이다. 서유럽의 2배, 북미 지역의 3배, 전 세계 평균에 비하면 10배에 달한다. 글로벌 통신업계는 한국 사용자들을 '데이터 대식가'로 표현하고 있다. 앞으로도 빅데이터 시대를 추동하는 흐름이 계속 이어지는 가운데, 한국은 분명히 빅데이터를 쏟아내는 측면에서만큼은 여간해선 뒤처지지 않을 것이다.

• 왜 빅데이터 활용이 부진한가?

한국 기업들이 빅데이터 역량에서 부진한 원인은 빅데이터의 태동 배경을 떠올려보면 실마리를 찾을 수 있다. 오늘날 빅데이터 기술을 발전시키고 있는 주력 기업들은 모두 데이터를 매우 중시하는 문화를 갖고 있다.

빅데이터 기술을 앞서 발전시킨 구글은 태생적으로 데이터를 철저히 존중하는 문화를 지니고 있다. 창업주 래리 페이지와 세르게이 브린은 스탠퍼드대 공학도 출신답게 데이터와 수치에 대한 강한 믿음을 갖고 있었다. 이는 구글의 기업 문화에 배어 아무리 사소한 변화라도 데이터에 기반한 세심한 검증 작업을 받게 했다. 구글이 시종일관 밋밋한 디자인의 검색 페이지를 유지하고 있는 것도 화려한 겉모습보다는 데이터와 알고리즘을 중시한 결과이다. 온라인 서점 아마존도 빅데이터 시대의 강자로 부상한데에는 비슷한 배경을 갖고 있다.

- 빅데이터 신진 기업 : 사소한 데이터, 알고리즘을 중시하는 독특한 문화가 배경
- 아마존 웹서비스(AWS) : 본업에서 창출되는 데이터를 단순히 보조적인 부산물로 생각하지 않고 적극적으로 활용하는 선순환을 이끌어냄 → 기하급수적으로 늘어나는 데이터를 처리하기 위해 각종 관련 기술 투자

• 빅데이터 역량 강화의 선순환 구조가 단절된 한국

한국의 기업 현장에서 가장 취약한 부분은 바로 이 선순환 구조의 부재이다. 빅데이터를 제대로 활용하려면 먼저 기업 현장에서 데이터 축적이 원활히 이루어져야 한다. 그리고 축적된 데이터에서 가치를 뽑아내고자 하는 노력이 다각도로 이루어지면서 실질적으로 업무 효율이 향상되고 새로운 비즈니스가 창출되는 경험이 쌓여야 한다.

- "데이터 축적 → 업무 활용 → 관련 기술 성숙 → 데이터 축적"이 연쇄적으로 일어나는 구조를 갖춰야 함.
- 빅데이터가 수집되지 않는 경영 현장
- 역량 축적으로 이어지지 않는 소모적 데이터 활용
- 빅데이터 관리와 분석에 필요한 지식 기반 취약

▣ 개인정보 보호 vs. 데이터 활용의 자유

빅데이터의 미래가 항상 장밋빛으로만 점철된 것은 아니다. 많은 이들을 열광시키는 놀라운 잠재가치 이면에는 빅데이터의 원활한 도입에 의문을 던지는 다양한 이슈들도 도사리고 있다. 이러한 이슈들을 얼마나 정확히 이해하고 선제적으로 대응하느냐에 따라 향후 빅데이터는 유용한 자산이 될 수도 있고, 반대로 끔찍한 골칫덩어리로 전락할 수도 있다.

• 프라이버시 문제

빅데이터 무제에서 가장 불거지고 있는 이슈는 개인정보 보호 문제이다. 빅데이터에서 '빅 브라더'를 떠올리는 이가 많듯이, 법조계에서는 '커다란 골칫거리'가 등장했다는 푸념도 나온다. 빅데이터 시대가 되면서 데이터의 이용 범위가 비약적으로 넓어지자, 과연 어디까지 '개인정보'의 틀에 넣을 수 있으며 각각에 대해 얼마만큼의 권리를 보장해야 하는지 벌써부터 법률적 공방 치열함.

특히 빅데이터로 보편화될 분야 중 하나가 맞춤 서비스이다. 그 수준은 개별 고객에게서 수집한 데이터로 얼마나 많은 고객 정보를 파악하느냐에 따라 결정된다. 즉, 맞춤화가 정교해질수록 프라이버시 문제는 더욱 커질 수밖에 없다. 아마존이나 애플의 아튠즈는 자사 추천 시스템인 맞춤화 서비스를 개선하려고 외부 기업의 고객 데이터를 구매해 서비스를 향상시키겠지만, 한편으로 사람들은 '어떻게 나에 관해 이런 사실도 알고 있지!'라고 생각하는 등 사생활이 침해되었다고 느낄 수도 있다.

PC와 스마트 기기로 인터넷을 사용하는 사람들이 특히 걱정하고 있는 부분은 자신의 인터넷 행적이 모두 기록으로 남는다는 것이다. 이런 기록들은 거의 실시간으로 분석되어 자신이 무엇을 했고, 무엇에 관심 있는지 등이 모두 타인에게 드러난다. 자신이 알려주고 싶은 것 이상을 남이 아는 것도 빅데이터 시대의 프랑이버시, 개인정보 보호 문제이다.

• 데이터 남용 문제

프라이버시 문제와 유사하지만 좀 더 다른 각도의 문제는 데이터의 남용이다. 데이터가 많아질수록 이를 이용해 고객의 실제 모습을 조작하는 문제가 나타날 수 있다. 영화 「마이너리티 리포트」를 보면, 정부기관이 컴퓨터로 미래 범죄를 사전에 감지해 죄를 지을 사람을 체포한다. 여기서 문제는 빅데이터가 확률적 상황을 확실한 사실로 만듦으로써 정부기관이 단순한 추측을 근거로 행동하게끔 한다는 것이다. 실제로 미국에서는 테러리스트의 공격을 예방한다는 명분으로 정부가 각종 개인정보들을 수집하고 있지만, 시민들이나 외국 방문객들이 느끼는 것은 치안의 향상이 아니라 더욱 까다롭고 불편해진 공항 출입국 수속뿐이다. 마찬가지로 기업들도 고객에 대해 이전보다 더 많이 알고 있다고 생각하여 더욱 적극적으로 판촉활동을 함으로써 고객들의 불편을 가중시킬 수 있다.

• 데이터 수집 및 공유 문제

SNS나 인터넷에 공개된 글, 사진, 동영상, 그리고 공공기관이나 기업 사이트에 공개된 정보나 데이터를 사용하는 것은 아무런 문제가 없을까? 즉 웹에서 접근 가능한 공개 데이터를 복사해 개인적으로 소유하고 이용하는 것은 문제가 없을까? 이처럼 공개된 데이터의 지적 재산권이 어디에 있느냐 하는 문제가 논란이 되고 있다.

이에 대한 법적 규제는 지역별로 조금 다른 양상을 보이는데 일반적으로 공개된 데이터를 가공 없이 그대로 사용하는 것은 위법으로 보고 있다. 반면 공개된 데이터를 가공해 완전히 새로운 가치를 가진 정보(originality)로 바꾸는 경우는 합법으로 보는 경향이 높다. 그러나 어느 정도까지가 완전히 새로운 것인지 그 정의와 해석은 나라마다 다르고, 아직도 모호한 면이 있다.

• 데이터 활용에 대한 상반된 법 제도적 환경

데이터 활용에 대한 법적 논의는 각국의 법 제도 환경에 따라 다른 방향으로 전개 중이다. 우선 인권 보호 의식이 매우 높은 유럽에서는 다분히 보수적인 태도를 견지하고 있다. 대표적으로 '잊혀질 권리(Right to be forgotten)'에 대한 법제화를 강력하게 추진 중이다. 2012년 1월 유럽연합은 인터넷 사업자들이 합법적인 근거 없이 보유하고 있는 사용자 정보를 삭제하도록 요구할 수 있는 권리를 보장한 데이터 보호법 개정안을 확정했다. 그러나 너무나 복잡 · 다양하게 뻗어가고 있는 빅데이터에 대해 어떠한 방식으로 법 규정을 강제할 수 있는지 난제가 수두룩하다. 따라서 구체적인 법률안 통과와 시행에 대해서는 좀 더 논의를 지켜보는 수밖에 없다.

반대로 미국의 법체계는 표현과 정보 유통의 자유를 개인의 권리보다 우선시하고 있다. 즉 빅데이터에 프라이버시 침해 소지가 있더라도 공공 의료보자 체계의 효율을 높이거나 범죄 색출 등 공익적 목적에 부합한다면 충분히 용인될 수 있다는 판결이 대세이다. 따라서 빅데이터 관련 사업자들은 적절한 동의 절차를 밟고 익명화 작업을 거친 뒤에는 비교적 큰 제약 없이 데이터를 활용하고 있다. 현재 빅데이터 활용에서 미국이 앞서 나가고 있는 것도 법적인 문제에서 다른 나라에 비해 훨씬 자유롭기 때문이다.

한국의 실정은 선진국에 비해 매우 어정쩡하다. 물론 공익적 목적으로 데이터를 이용하는 것은 어느 정도 용인하는 추세이다. 예를 들어, 오진을 하고도 진료비를 돌려주지 않은 동물병원을 인터넷 애견카페에 공개한 사람이 명예 훼손으로 고소당한 사건이 있었다. 최종적으로 대법원은 "동물병원에 대한 정보를 구하는 다수 인터넷 사용자들의 의사결정에 도움이 되는 정보를 제공한 행위로, 공공의 이익을 위한 것이어서 부수적으로 다른 목적이나 동기가 내포되었다하더라도 비방할 목적이 있었다고 보기는 어렵다."라고 판시하여 무죄로 처리했다. 즉 한국은 공공의 이익을 위해 공개된 정보를 사용한다면 합법으로 보고 있다. 이는 얼핏 미국과 유사해 보이지만, 좀 더 뜯어보면 기업의 공익광고와 같이 1차적으로 공익에 이용하나 부차적 혹은 간접적으로 사익이 발생하는 애매한 경우도 많다. 미국의 소셜 미디어를 둘러싼 법적 공방 사례에서 보듯이 어디까지를 공개된 데이터로 볼 것인가도 여전히 논란거리이다. 이러한 수많은 사안들에 대해서는 향후 더욱 많은 사회적 토의와 법원의 판례가 쌓여야만 명확한 갈피를 잡을 수 있을 것이다. 그때까지는 빅데이터의 수집과 활용에 조심스러울 수밖에 없다.

*** 토론 주제**

〈빅데이터와 윤리 문제〉

① 한 개인이 빅데이터의 부분으로서 동의 없이 그냥 포함될 수 있을까?

② 개인의 공개된 블로그 글이 저자가 상상할 수 없는 방법으로 사용되고 분석될 수 있는 것인가?

③ 아무런 사전 정보 없이 블로그에 쓴 글이 관심을 받고 분석을 받는 것은 그 글을 쓴 사람에게는 어떠한 의미가 될까?

④ '인터넷에 글을 올린 사람은 자신의 공개된 정보가 사용되고 분석되는 것에 대해서 상처를 받지 않을 것이다'라는 것에 대해서 누가 확신하고 책임 질 것인가?

⑤ 과연 빅데이터에서 '동의'는 무엇을 뜻하는 것인가?

▣ **열린 토론회(발표회)로 수업 진행됩니다.**

제14강

빅데이터 시대의 뜨거운 감자
-잊혀질 권리 vs 데이터 활용의 자유

-2-

Today 학습 목표

- 한국의 빅데이터 활용의 문제점을 진단하고 나아갈 방향을 모색한다.
- 빅데이터 시대, 개인정보보호와 데이터 활용의 자유의 역학 관계를 통해 개인정보보호와 테이터 활용의 자유의 문제를 토론해 본다.

-3-

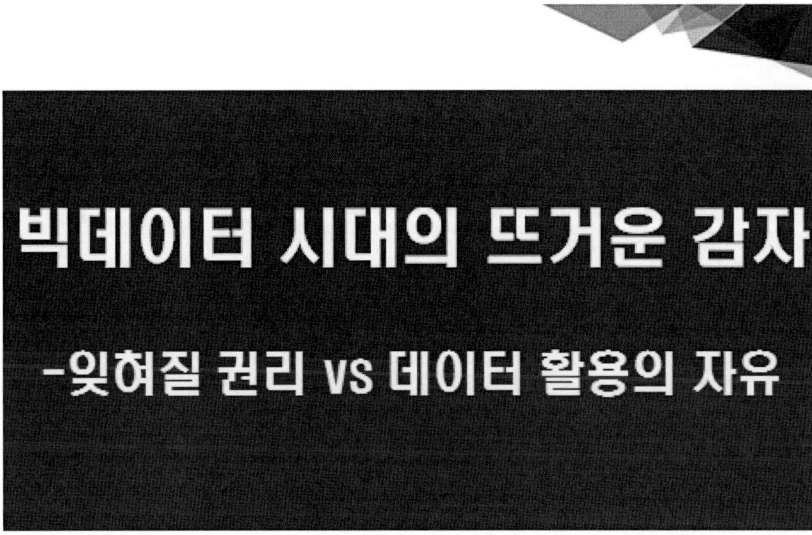

-4-

〈부록〉

1. 학기초에 “나의 bucket list”를 만들어 강좌기간 동안 스스로 자가평가하여 종강 때 제출하게 함

교과목	빅데이터와 인문학	담당교수	오연희	이름	OOO
bucket list 내용				평가 O, △, X	
				전반	후반
1	빅데이터와 관련한 책 3권 읽기			△	O
2	매주 수업이 끝난 후 빅데이터와 관련한 구체적 사례 찾아보기			X	△
3	수업시간의 토론에 적극적으로 참여하기			△	O
4	온라인 블로그와 SNS를 활용하여 교수님과 수강하는 친구들과 소통하기			O	O
5	나의 전공과 관련된 빅데이터 이용 사례 5가지 이상 찾아서 정리하기			△	O

예

2. 중간고사(30프로), 기말고사(30프로)는 수업 내용과 관련한 빅데이터 체험과 관련한 체험결과 보고서(중간) 및 체험성장 보고서(기말)를 반영하여 평가함.
3. 조별 빅데이터 분야별 체험 발표와, 14주차 때 있을 토론대회 등의 점수를 합산하여 30프로 반영 평가함.

체험중심 교과, 빅테이터와 인문학	
활용방안 및 기대효과	체험 중심 교과로 빅데이터를 직접 경험하고 체험해 봄으로써 올바른 삶의 방향과 인성 함양 및 행위 전략 등 자신의 삶에 적극적으로 활용할 수 있는 능력을 기른다.
체험 내용 및 기대효과	* 체험중심 교과로 이를 위한 학기 체험활동은 다음과 같은 것들이 있다. - 기업의 빅데이터 활용사례 체험 - 광고에서 빅데이터 활용사례 체험 - 대학생인 ‘나’의 삶과 빅데이터 체험 - 정치담론에서 빅데이터 활용사례 체험 - 역사에서 빅데이터 활용사례 체험 - 문화예술 분야에서 빅데이터 활용사례 체험 =〉각 체험활동은 PBL(문제중심학습)과 TBL(팀기반학습) 방식으로 진행된다. 각 팀별로 부과된 프로젝트를 팀기반(TBL)으로 함께 해결해나가는 방법(PBL)으로 빅데이터를 다양한 인문사회분야에 적용해보는 체험활동을 통해 인성, 감성, 지성의 함양과 문제해결능력, 상호협동 능력 등을 키울 수 있다.

■ 빅데이터를 다양한 인문사회분야에 적용해 보는 체험활동을 통해 인성, 감성, 지성의 함양과 문제해결능력, 상호협동 능력 등을 키울 수 있다.

■ 빅데이터를 활용하여 다양한 삶의 문제를 해결해 나갈 수 있는 자기주도적이고 능동적인 주체적 삶의 능력을 키울 수 있다.

■ 팀원들과 협력하여 문제를 해결해 나가는 과정에서 타인과의 소통능력과 팀플레이에 능한 사회적인 인성을 함양할 수 있다.

■ 현 시대의 문제를 인식하고 분석하며 미래를 조망할 수 있다

■ 주어진 문제를 해결하기 위해 다양한 과학기술 및 공학적 지식과의 융합을 도모할 수 있는 창의적인 사고능력을 기를 수 있다.

〈학생 발표 예시 자료〉

1) 빅데이터의 체험사례 발표 1

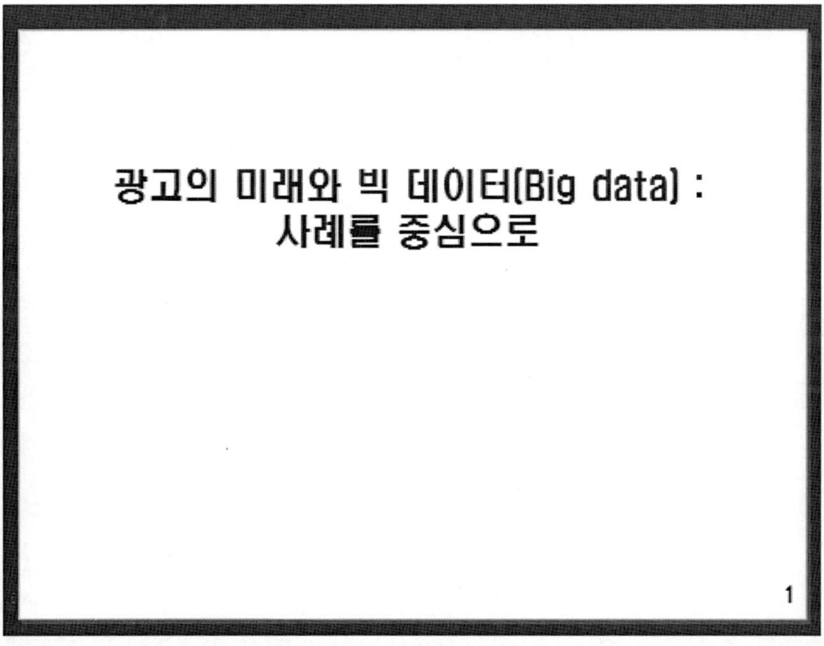

금주의 명언

**"정보는 21세기의 원유이며,
분석도구는 연소엔진이다."**

"Information is the oil of the 21st century,
and analytics is the combustion engine."

피터 손더가드 [Peter Sondergaard]
가트너[Gartner] 수석부사장

2

목차

1. 21세기 국가경쟁력 '빅 데이터[Big Data]'
2. 빅 데이터를 활용한 광고
3. 빅 데이터 분석 기법
4. 결론

3

- 정보통신산업진흥원 주관의 'IT산업전망 컨퍼런스'
- 정보통신산업진흥원이 IT 업계 종사자 723명을 대상 설문 조사 결과
- 2012년 3위이던 빅 데이터가 2013년 1위로 부상

<그림> 빅데이터 분석기법

자료원 : 임종진, 2012 한국DB진흥원
http://www.dbguide.net/knowledge.db?cmd=view&boardConfigUid=19&boardUid=165782

4

1. 21세기 국가경쟁력 '빅 데이터(Big Data)'

1) 빅데이터 환경

- 2012년 2월 개최된 세계경제포럼(World Economic Forum, 일명 다보스 포럼)에서 '빅 데이터(big data)'는 금이나 현금과 같은 경제적 자산이라고 선언하면서, 2012년 떠오르는 10대 기술로서 빅데이터를 다루는 정보과학(informatics)을 1위로 선정
- 2010년 12월에는 미국 대통령과학기술자문위원회(President's Council of Advisors on Science and Technology)가 오바마 대통령에게 '디지털 미래의 설계(Designing a Digital Future)'라는 보고서를 통해 미 연방정부 기관들에게 빅 데이터 전략(big data strategy)이 필요하다는 요지의 보고서를 제출
- 우리나라에서도 2011년 10월 우리나라의 국가정보화전략위원회에서는 인터넷, 모바일, 소셜 미디어 등의 등장으로 인해 폭증하는 데이터가 경제적 자산이 되는 '빅데이터 시대'가 도래하였으며 앞으로 국가 경쟁력은 '빅 데이터'의 활용에 달렸다고 강조
- 2012년 4월 지식경제부 R&D 전략기획단에서 대한민국 IT 10대 핵심 기술에 빅 데이터와 이를 검색 · 분석 · 활용하는 인공지능 분야를 포함

5

- 정보통신산업진흥원 주관의 'IT산업전망 컨퍼런스'
- 정보통신산업진흥원이 IT 업계 종사자 723명을 대상 설문 조사 결과
- 2012년 3위이던 빅 데이터가 2013년 1위로 부상

<그림> IT업계 2013년 예상 이슈

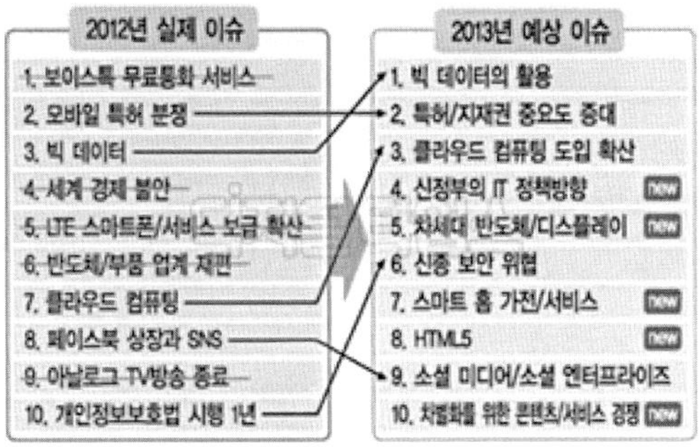

자료원 : 디지털타임스
http://www.dt.co.kr/contents.html?article_no=2012101102011160800002

6

<그림> 미국 온라인 및 웹의 판매 예측

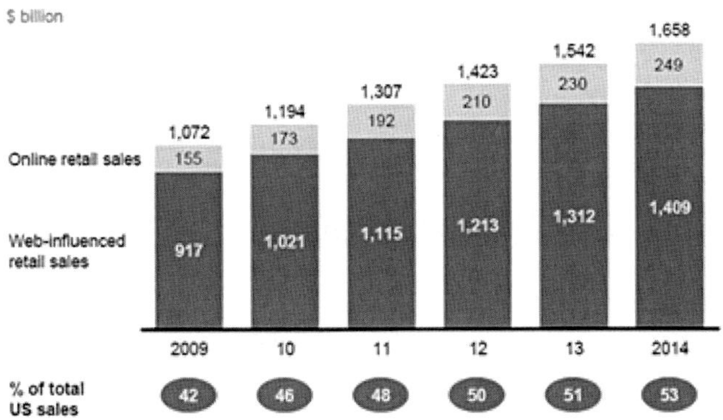

자료원 : MGI(2011, p.66)

7

<그림> 빅 데이터 환경

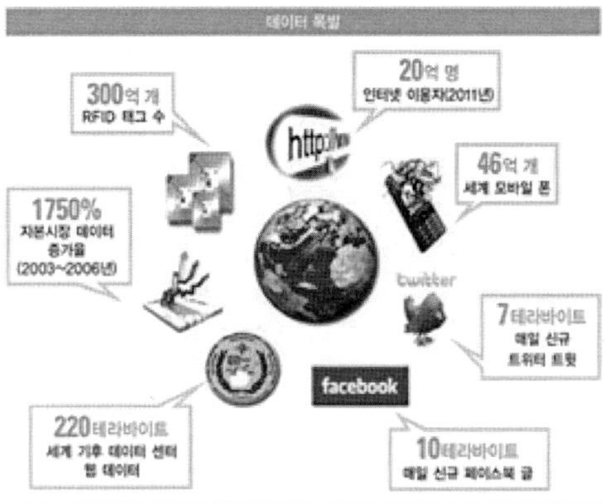

자료원 : 한국경제
http://magazine.hankyung.com/business/apps/news?popup=0&nid=01&c1=1002&nkey=2012010200839000141&mode=sub_view

8

2) 빅 데이터란?

- 다보스 리포트 : 온라인 및 모바일 금융거래, 소셜미디어 트래픽(traffic), GPS(Geographic Positioning System) 등이 만들어내는 2.5 퀸틸리언(quintillion, 100경) 이상의 정보를 소위 "빅 데이터(big data)"
- 아마존닷컴(Amazon.com)의 최고과학자(Chief Scientist) 출신 스탠포드 교수 안드레아스 웨이겐드(Andreas S. Weigend) : 빅 데이터에 의해 변화되고 있는 이러한 상황을 소셜 데이터 혁명(social data revolution)
- 일반적으로 빅 데이터(Big data)는 기존의 데이터 베이스(data base) 소프트웨어로 수집·저장·관리·분석할 수 있는 능력을 넘어서는 대용량의 데이터 세트(data set)와 이를 분석하는 기술을 의미
- 빅 데이터의 특징 : 데이터의 규모(volume), 속도(velocity), 다양성(variety) 등 3V로 표현
- 소비자가 스스로 실시간으로 제공하는 빅데이터는 소비자의 위치(location), 소비자와 함께 있는 사람이나 객체(people and objects around the user), 시간(time) 등을 인식할 수 있는 즉시적이고 역동적인 상황인식(context awareness)이 가능하다는 점이 매우 큰 매력

9

- 과거 : 소비자 조사나, 매장 방문 행동, 인터넷 구매 행동 등을 잘 분석하면 소비자의 구매 행동을 비교적 용이하게 파악할 수 있었다.
- 빅 데이터 시대 : 소비자들이 보다 다양한 경로를 통해 훨씬 더 복잡한 형태의 소비 행태
- 빅 데이터는 무한한 가치 : 테라에서 페타로 그리고 다시 엑사, 제타급으로 증대해 가면서 엄청나게 축적되는 소비자의 인터넷, 모바일 및 소셜미디어에서의 개인정보와 방문 기록, 검색결과, 각종 사이트와 미디어의 이용 통계, 각종 사이트나 미디어 간의 이동과 연관성, 커머스 정보, 및 소셜네트워킹 정보 등을 축적하고 있어 분석하기에 따라 무한한 가치가 창출할 수 있는 가능성을 보유
- 장점 : 빅 데이터의 분석은 사용자들의 개인적인 자료, 검색 행동, 상품 구매 및 추천 등을 바탕으로 분석된 자료를 통해 개인의 구체적인 행동을 실시간으로 예측하고 광고를 맞춤형으로 집행할 수 있도록 만들어 준다는 장점

10

2. 빅 데이터를 활용한 광고

- **빅 데이터를 활용한 마케팅 접근방법**

<그림> MGI(2011)가 제안하는 빅 데이터의 마케팅 활용방안

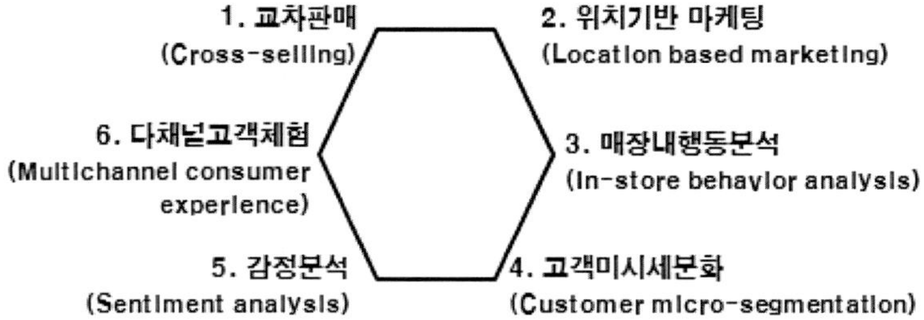

* MGI : McKinsey Global Institute (맥킨지 글로벌 연구소)

11

1) 교차판매(연결판매, Cross-selling)

구분	세부 내용
개요	▪ 기존에 구매 고객의 자료를 활용 하여 다른 상품을 구매하도록 유도하는 마케팅 기법
방법	▪ 고객이 구매한 상품과 연관성이 높은 상품을 구매하도록 제안하거나, ▪ 기업의 다른 상품을 구매하도록 제안(추천)
데이터	▪ 고객의 모든 정보 활용 ▪ 인구통계(demographics), 구매내역(purchase history), 선호(preferences), 실시간 위치(real-time locations) 등
사례	① 아마존 닷컴(Amazon.com) ▪ 분석 기법 : Collaborative filtering(CF, 협업 필터링) ▪ 모든 상품의 구매자나 방문자에게 "you might also want", "next best offers" 와 같은 프롬프트(prompt)가 노출 ▪ 아마존 매출의 30%는 추천 엔진의 영향 ② 구글 애드센스(AdSense) ▪ 구글 전체 매출의 30%에 상당 : 소비자가 단어를 입력하면 연관성있는 광고가 노출되는 매칭(matching) 프로그램 ▪ 사용자 데이터 누적으로 키워드와 게재 광고의 클릭률 상관관계가 증대

12

▪ 추천상품 : **고객별 맞춤형 광고**

▪ 빅 데이터가 가장 많이 활용되는 곳 : 온라인 포털(portal)과 쇼핑몰

구분	세부 내용
아마존 (Amazon.com)	▪ "추천(recommendation)"은 소비자의 빅데이터 중에서도 매우 중요한 정보로 인식
페이스북 (Facebook)	▪ "좋아요(like)" ▪ 페이스북의 특정 브랜드에 대한 팬은 다른 사람보다 117%를 더 구매 ▪ 특정 브랜드를 "좋아요(like)"라고 한 사람 중 17%는 그 브랜드를 구매 ▪ "좋아요(like)" 버튼을 클릭한 다음 51% 이상이 구매할 가능성이 높다 ▪ 미국에서 페이스북의 "좋아요(Like)" 버튼 연계 웹사이트 약 350만개 ▪ 의류브랜드 어메리칸 이글(American Eagle)의 경우 페이스북을 통해 방문한 소비자는 다른 소비자에 비해 57%를 더 소비 ▪ F-커머스 : 이러한 현상에 따라 페이스북을 활용한 상거래를 부르는말

13

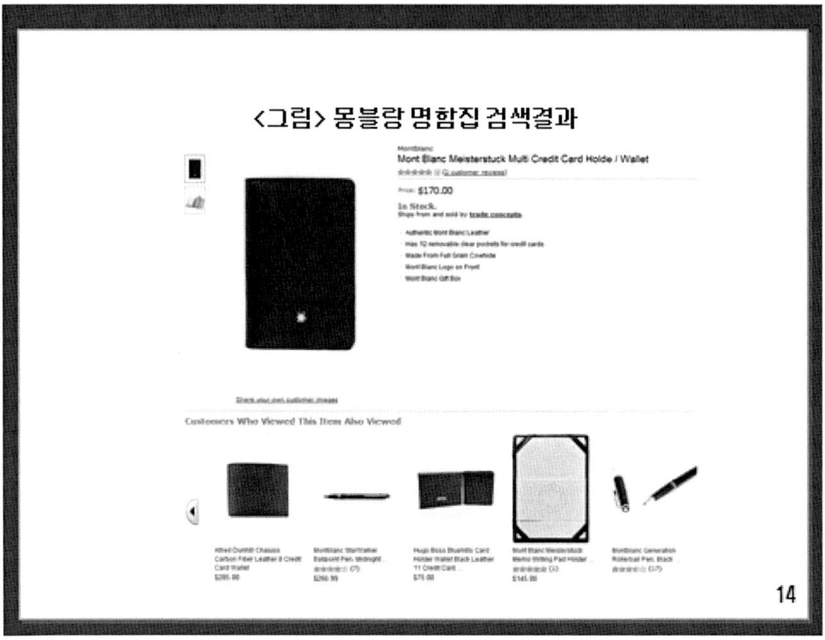
<그림> 몽블랑 명함집 검색결과
Mont Blanc Meisterstuck Multi Credit Card Holde / Wallet
$170.00
In Stock.
Customers Who Viewed This Item Also Viewed
14

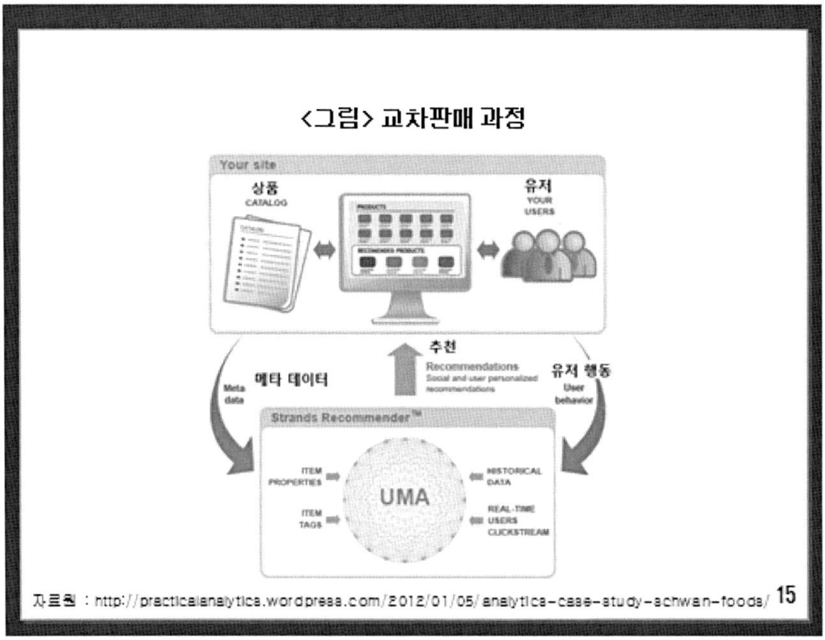
<그림> 교차판매 과정
Your site
상품
CATALOG
유저
YOUR
USERS
추천
Recommendations
Social and user personalized recommendations
메타 데이터
Meta data
유저 행동
User behavior
Strands Recommender™
ITEM PROPERTIES
ITEM TAGS
UMA
HISTORICAL DATA
REAL-TIME USERS CLICKSTREAM
자료원 : http://practicalanalytics.wordpress.com/2012/01/05/analytics-case-study-schwan-foods/
15

2) 위치기반마케팅(Location-based marketing)

구분	세부 내용
개요	• 매장에 있거나 매장 근처에 있는 고객을 대상으로 스마트폰을 활용한 통신, 소매, 미디어가 결합된 새로운 가치 창출의 광고 및 마케팅 기법 • 용어 : 위치기반 마케팅, 위치기반서비스, 위치기반광고 • 프라이버시논란
방법	• 매장에 접근하는 고객에게 스마트폰을 통해 할인 가격이나 이벤트 등 특별한 제안(special offer) 메시지를 발송하여 고객의 상품 구매를 유도
데이터	• GPS(Global Positioning System)외에 WiFi망, 센서네트워크 기술 활용 • 위치정보에 이용자정보, 증강현실, 소셜네트워크 등 결합 • 향후 : 장소중심에서 이용자 중심으로 발전하기 위해 개인 및 집단의 시공간 이용행태에 관한 연구 필요(이성호, 2010)
사례	• 미국 포스퀘어(Foursquare) : 2009년 3월 창립 • 미국 플레이스캐스트(Placecast) : 2005년 설립, 소비자가 사전에 관측활동을 허용한 업체의 인접영역에 접근하면 모바일 할인쿠폰을 발송

16

▪ 위치기반 시장 예측

구분	세부 내용
정용찬(2012)	• 2020년 : 전 세계 광고시장의 5% 규모 예상
스웨덴 Berg Insight B (2012)	• 2011년 : 전 세계 1억 9,200만 유로, 총 모바일 광고의 5% • 2016년 : 49억 유로로 모바일 광고 전체의 28.3%, 디지털 광고의 4%, 전세계 광고의 1%

▪ 활용 분야

분야	세부 내용
지역상점	• 음식점, 카페, 미용실, 영화관, 학원 등 할인쿠폰 광고
교통	• 운행 및 차량관리 서비스(텔레매틱스), 택시, 대중교통, 카셰어링 • 교통 텔리매틱스(transport telematics)
관광	• 맞춤형 여행 안내 서비스
공공	• 지방정부들의 도시마케팅, 재난대응 활동 등

17

- 포스퀘어(Foursquare) 사례
- 2010년 5월 스타벅스(Starbucks)
- 매장을 빈번하게 드나드는 고객에게 시장(Mayor)을 제안
- 고객에게 프라푸치노(Frappucino)에 대해 $1 할인을 제공

<그림> 스타벅스의 포스퀘어 활용 프로모션

자료원 : http://mashable.com/2010/05/17/starbucks-foursquare-mayor-specials/

18

<그림> 포스퀘어 광고 원리

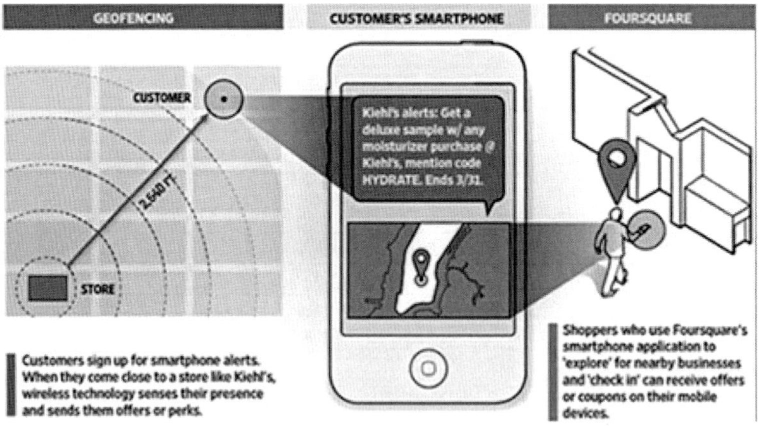

자료원 : http://bozell.com/thinking/clickstream/location-location-location-2/

19

- **영국 스타벅스의 Placecast 활용사례**
- 2010년 10월 영국 이동통신사 O2는 Placecast의 LBS(Location Based Service) 활용 : 100만명의 자사 스마트폰 사용자 대상 프로모션 진행
- 고객의 인구통계 정보 및 흥미 등 다양한 정보를 분석하여, 고객이 특정 지역이나 스타벅스 점포 가까운 지역에 들어오면 고객맞춤 정보를 제공

<그림> O2의 스타벅스 프로모션 자료

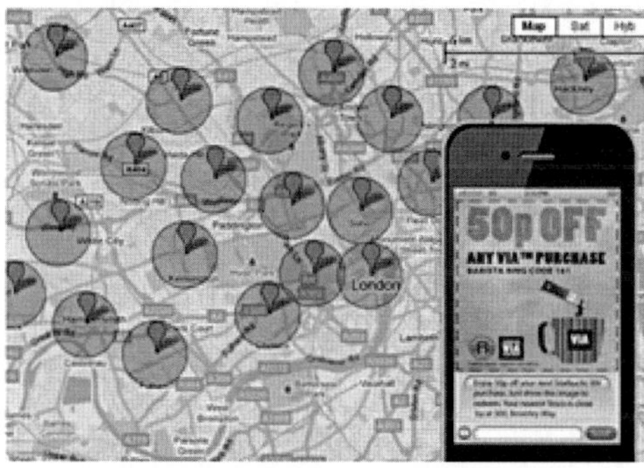

자료원 : http://bcomportal.posterous.com/?tag=lbs

20

- **한국 미스터피자 포스퀘어 활용사례**
- 2010년 5월 업계 최초 '포스퀘어' 활용 캠페인

<그림> 미스터피자의 포스퀘어 프로모션

자료원 : http://www.asiatoday.co.kr/news/view.asp?seq=358607

21

<그림> 국내 통신 3사 위치기반서비스 비교

	KT	SKT	LGU+
서비스명	▪ Olleh 캐치캐치	▪ Gold in City	▪ DingDong
출시	▪ 2011년 1월	▪ 2011년 5월	▪ 2011년 4월
특징	▪ 증강현실 기술기반 ▪ 쿠폰 모으기 게임	▪ Foursquare 방식	▪ 고유주파수 음파발생기 기반 자동체크인
서비스 이용방법	▪ 몬스터 잡으면 캔디(포인트) 적립	▪ 매장방문시 체크인하면 금(포인트) 적립	▪ 주변매장 정보확인(check-in) 및 방문시(walk-in) 포인트 적립
혜택	▪ 포인트의 올레클럽 별포인트 전환 또는 기프티쇼 구매 ▪ 위치기반 매장 쿠폰 제공	▪ (가맹점) 쿠폰, 할인, 이벤트 정보 제공	▪ 가맹점 쿠폰, 할인, 이벤트 정보 제공 ▪ 포인트 몰에서 상품 구매
수익모델	▪ 제휴 프로모션 ▪ 모바일 광고	▪ 제휴 프로모션 ▪ 비즈니스회원 수수료	▪ 제휴 프로모션 ▪ 모바일(가맹점) 광고

자료원 : 김정현(2011, p.34)

22

3) 점포내행동분석(In-store behavior analysis)

구분	세부 내용
개요	▪ 점포 내에서의 행동 자료를 분석하여 점포 레이아웃(store layout), 제품믹스(product mix), 및 선반 위치(shelf positioning) 관리에 활용
방법	▪ 점포 내에서의 동선(footpath), 소요 시간 등 행동 자료 분석 ▪ 스마트폰 앱을 통해 실시간 위지 자료 분석 ▪ 비디오 관찰 카메라의 이미지 분석 ▪ Path inteligence
데이터	▪ 쇼핑카트에 부착된 자동으로 응답하는 신호 수신기(transponder), 매장 내에 모바일폰의 위치를 수동적으로 모니터
사례	▪ 숍킥(Shopkick): 2010년 8월 출시 ▪ 미국 최대의 백화점 메이시(Macy's): 숍킥(shopkick)을 활용하여 고객에게 포인트를 적립해 주며, 단골 고객의 행동패턴을 파악하고 고객이 관심을 가질만한 정보를 미리 제시. 메이시는 첨단 2009년 이후 매년 연평균 6%의 성장을 기록하였으며 2011년 매출 260억 달러를 기록

23

<그림> 점포내 위치 추적 결과

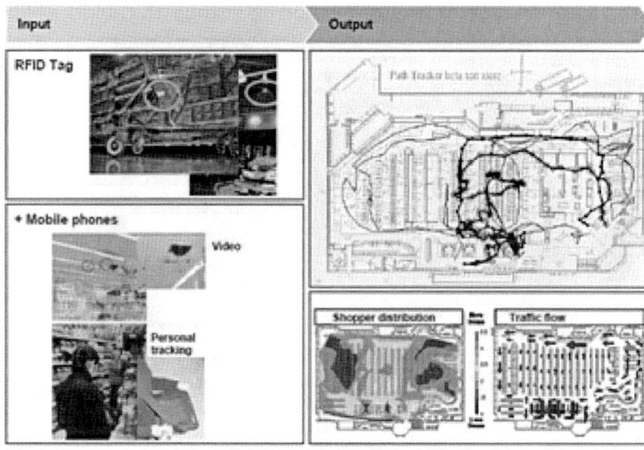

자료원 : MGI(2011, p.92)

24

4) 고객 미시세분화(Customer micro-segmentation)

구분	세부 내용
개요	▪ 현대 첨단 분석 프로그램을 통해 보다 정교한 세분화 가능 ▪ 개인화(personalization) 가능 ▪ 마이크로트렌드(Microtrend) : 소수의 열정적 집단이 동조하는 작은 변화로서 문화 조류나 소비 형태로 나타남
방법	▪ 클릭스트림(clickstream), 로그파일(log file) 정보 분석 ▪ 군집분석(Clustering)
데이터	▪ 전통적인 시장 조사자료와 구매내역 이외에도 ▪ 개인별 고객의 행동에 기초한 추적자료 활용
사례	▪ 미국 최대의 최고급 백화점 니만 마커스(Neiman Marcus) : 행동적 세분화(behavioral segmentation)와 다계층 회원 보상 프로그램(multi-tier membership reward program)으로 상위 소비층의 매출 상승 ▪ 인써클(InCircle) 프로그램, 명품 잡지 The Book, 고객초청 이벤트 등 ▪ 연간 3천불 이상 지출하는 고객 15만명, 신용카드 구매시 1달러당 1점 포인트 적립, 다양한 사은품, 사은품을 최후의 순간까지 비밀(재규어 자동차, 아라비아산 경주마, 순종 애완견, 해외 휴가여행, 항공마일리지 등), 신상품 입하 전화통지, 특별행사, 우편안내, 특별한 패션잡지 제공

27

<그림> Neiman Marcus의 InCircle Rewards program & Saks Fifth Avenue SaksFirst program

Neiman Marcus	Saks Fifth Avenue
Gold	Great Member
Silver	Special Member
Bronze	Good Member
Lead	Member

자료원 : http://www.crmtrends.com/loyalty.html#EV

28

- 美 사우스웨스트항공(Southwest Airlines) 사례
- 액시엄(Axiom)과 빅 데이터 자료 분석 : 기내 광고에 활용하여 성공
- 액시엄은 자사가 소유하고 있는 미국인 96%를 포함하여 세계 5억 명에 해당하는 사람들의 개인정보, 신용카드 이용 정보, 보유 애완동물, 복용 중인 약품 등 1,500여 종 이상의 빅 데이터를 바탕으로 분석된 이용자 개인 정보에 맞춘 맞춤형 광고를 탑승객의 앞좌석 등받이의 모니터에 노출

<그림> 항공기 내 모니터 이미지

29

▪ SK플래닛 "T애드" 사례

구분	세부 내용
특징	▪ 2011. 7 공식 출범한 국내 첫 빅데이터 기반 모바일 광고 ▪ 1000만 명이 넘는 자사 가입자 데이터 분석 기반
서비스	▪ 1단계 : 성별·나이·위치·단말기 종류·사용 애플리케이션(앱)·이통사 등 기본 정보를 토대로 서비스를 시작 ▪ 2단계 : 이를 조합하고 T맵 POI나 상품구입 목록, 지역 부동산 정보까지 녹인 '프로파일(profile)'과 '행동 유형' 분류
광고 타겟	▪ 광고 타겟을 총 128개 유형으로 분류 ▪ '출산하는 애국자' : 20~30대 여성, 이동거리가 짧고 산부인과 산후조리원과 잦은 통화 ▪ '신도시에 사는 이 대리' : 30대 초중반, 매일 분당과 서울을 오가며 외식이 빈번 ▪ '골프족' : 골프장·연습장에 많이 머물고 종종 골프용품을 구입
효과	▪ 이통사와 다음·구글·NHN·인모비(InMobi) 등이 경쟁을 벌이고 있는 국내 모바일광고 시장 활성화

30

5) 감정분석(Sentiment analysis)

구분	세부 내용
개요	▪ 감정분석 : 트위터나 페이스북에 올라오는 대화에서 사용되는 단어와 문장 구조 등을 분석해 사람들의 감정을 해석하는 기술 ▪ 용어 : 여론분석(opinion mining)으로도 불림
방법	▪ 소셜 미디어 등 분석 대상으로 선정된 정보를 자영어분석이나 컴퓨터 언어 분석 등을 통해 긍정, 부정, 중립 등의 감성적으로 해석하는 분석 기술 ▪ 감정분석, 여론분석 이외에도 소셜 네트워크 분석(social network analysis), 소셜 필터링(social filtering) 등 다양한 기법이 개발되어 활용
데이터	▪ 소셜미디어를 중심으로 ▪ 소비자나 유권자의 호감도, 선호도, 불만 등을 나타내는 의견을 수집 분석
사례	▪ 한국 : 펄스K(코난테크놀로지) ▪ 코카콜라 : 시스모스(Sysmos)의 세계 각국의 트위터 이용자들이 올리는 관련 정보를 영어, 중국어, 일본어, 한국어, 아랍어 등 세계 각국 언어로 분석, 갑자기 비우호적 정보가 급증한 국가나 지역 대상으로 홍보를 강화하는 등 실시간으로 대응.

31

<그림> 이랜드의 LA 다저스 인수에 대한 감정분석 결과

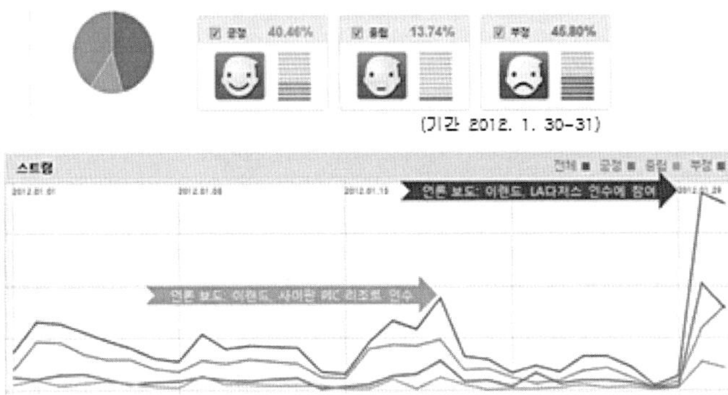

자료원 : http://blog.konantech.com/category/?page=2

32

6) 다채널고객경험(Multichannel consumer experience)

구분	세부 내용
개요	• 다양한 커뮤니케이션 및 브랜드 접촉채널(multichannel)을 통한 고객경험의 증대는 판매, 고객만족, 충성도의 원동력
방법	• 통합된 데이터베이스 관리 분석
데이터	• 소득, 주택보유가, 자녀 수 등 고객의 다양한 자료 • 다양한 커뮤니케이션 미디어 : 매장, 이메일, 웹, 모바일, 전화, 소셜미디어
사례	• 가구·생활· 주방용품 브랜드 윌리엄스-소노마(Williams-Sonoma) • 가계 소득, 주택가치, 자녀 수 등 6천만 가구의 고객 통합 데이터베이스(DB)를 바탕으로 타겟화된 이메일을 송부하여 이전의 10-18배 응답 결과 • 이러한 정보를 바탕으로 타겟 그룹별로 행동과 선호도에 기반한 카탈로그 버전 제작

33

<그림> 다채널 고객경험

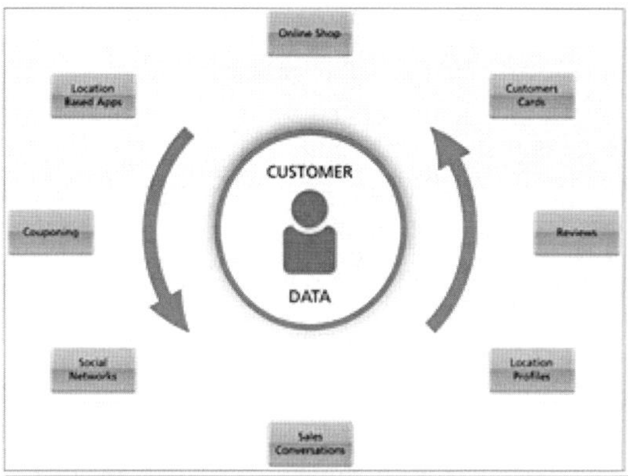

자료원 : http://blog.heiler.com/

34

- 베스트 바이(Best Buy) 사례
- 미국의 전자제품 소매유통업체로서 각종 경로로 수집한 빅 데이터를 새로 개발한 소비자 행동 예측 모델을 활용하여 분석
- 소비자는 뉴미디어가 아닌 올드미디어(old media) : 등한시 했던 TV광고에 집중함으로써 마케팅에 성공

<그림> 베스트바이 TV커머셜

자료원 : http://www.youtube.com/watch?v=fPtpkz02myk

35

- **CJ 제일제당 '팻다운 파워번' 사례**
- 포털사 다음이 온라인 사이트, 모바일, 지하철 역사 내 디지털 사이니지(digital signage), 디지털 뷰(Digital View) 등 N스크린을 활용하여 개발한 DBPA(digital branding performance ad) 프로그램을 통해 다이어트 음료 '팻다운 파워번(Fat Dowon Power Burn)' 광고를 집행
- CJ 제일제당은 이 프로그램을 통해 제품에 관한 관심도, 캠페인에 의한 소비자들의 긍정적 또는 부정적 감정, 만족도, 구매의도 등 소비자의 빅데이터를 분석하여 광고효과를 검증
- 70일간의 광고 캠페인 기간 동안 '팻다운'에 대한 관심도는 75%가 증가하였고, 제품 만족도는 56%에서 70%로 증대되었고, 소비자의 구매의향은 22%에서 59%로 대폭 상승하였다. 그 외에도 '효과가 좋다', '기분이 좋다', '맛이 좋다', '식욕억제가 가능하다', '단기간 다이어트가 가능하다', '몸매관리가 가능하다' 등 소비자들의 긍정적인 반응이 나타났다. 이러한 빅데이터를 통해 CJ제일제당에서는 시장에 대한 통찰력과 향후 마케팅 및 커뮤니케이션 전략에 유용한 시사점을 파악

36

<그림> CJ 제일제당 팻다운 파워번 광고

자료원 : http://cfile205.uf.daum.net/image/203234544DCE3B9A27AED6

37

- 삼성전자사례
- 2006년 세계 최초 SSD(Solid State Drive) 상용화 이후 대형 PC 업체를 대상으로 한 B2B 시장에 중점을 두었으나
- 2011년 소비자용 SSD470시리즈를 출시하면서 SSD에 대한 소비자들의 인식을 조사하기 위하여 각종 웹사이트와 소셜미디어를 대상으로 한 소셜 데이터 분석을 실시
- 데이터 마이닝(Data Mining) 전문기업 다음소프트에서 분석한 결과 삼성전자에서는 HDD와 비교해 너무 비싸다는 인식이 높은 SSD 가격 을 언급하지 않고 SSD의 성능, 안정성, 및 호환성을 강조하는 광고를 제작하여 성공

<그림> 삼성전자 SSD470 동영상

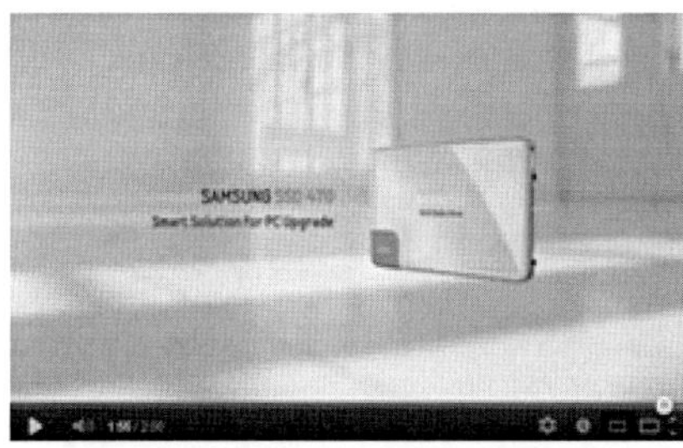

•자료원 : http://www.youtube.com/watch?v=YX18_qtkkAo

38

3. 빅 데이터 분석 기법

- 일부 전문가들은 기존의 정보 분석 기법인 CRM(Customer relationship management, 고객관계관리)와 데이터마이닝(Data Mining)을 기반으로 한 분석 기법으로 가능하다고 보는 견해도 있으나,
- 빅 데이터의 최종 결과는 사용자 개인에 대한 맞춤형 비즈니스가 가능해야 한다는 점에서 볼 때 기존의 분석 기법은 한계가 있다고 보는 것이 일반적인 견해
- 분석지수(AQ, Analytics Qquotient) : 빅 데이터를 분석할 수 있는 능력
- 아직은 빅 데이터를 분석할 수 있는 기술이 충분히 개발되지 않고 있다
- 빅 데이터 처리 기법 : 텍스트 마이닝(Text mining), 평판 분석(Opinion mining), 군집분석(Cluster Analysis), 소셜 네트워크 분석(Social network analysis) 등 다양한 방법이 있다.
- 최근 관심을 모으고 있는 소셜분석(Social analytics) 회사로는 국내에 사이람, 그루터 등이 있다.

39

3. 빅 데이터 분석 기법

<그림> 빅 데이터 조사기법의 복잡성과 시장수용상태

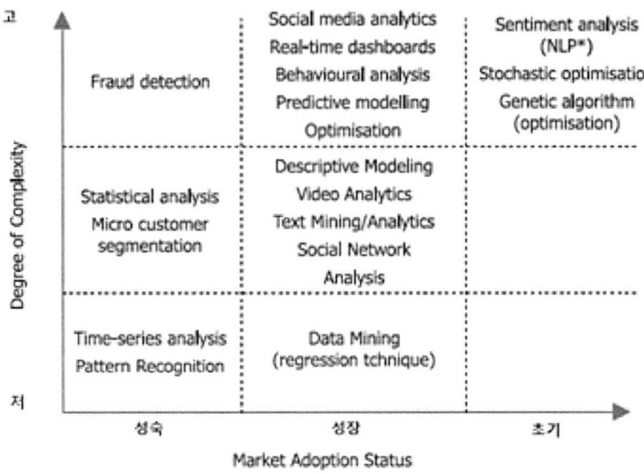

자료원 : Nasscom(2012, p.13)

40

4. 결론

- 빅 데이터를 기업의 마케팅 정보로 활용하기 위한 다양한 노력이 시도
- 이제 빅 데이터는 타겟 오디언스(target audience) 개인별 맞춤형 광고가 가능
- 향후 다양한 마케팅 분야에 확산 예상
- 정치 마케팅에서도 체계적이고 전략적으로 활용
- 2008년 미국 대통령 선거에서 버락 오바마(Barack Obama)가 다양한 형태의 유권자 데이터베이스를 확보하여 이를 분석·활용한 '유권자 맞춤형 선거 전략'을 전개하여 성공
- 국내에서는 2011년 4월에 시행된 제19대 총선부터 소셜 네트워크 등 인터넷 상의 선거 운동이 법적으로 상시 허용됨으로서 향후 빅데이터를 활용한 커뮤니케이션 기법이 정치에도 적극 도입될 것으로 예상
- 빅 데이터가 다양한 분야에 활용됨으로서 다양한 분석 기법이 개발되고 업그레이드 되면서 광고를 비롯한 산업의 성장에 새로운 동력으로 작용할 것으로 예측
- 부정적인 측면 : 개인의 사생활침해에 주의

41

참고문헌

- 김정현, 유은아, 김정희, 박재민(2011). 통합적 커뮤니케이션 시대의 스마트미디어 광고효과 연구. 한국방송광고공사.
- 이성호(2010). 스마트폰과 위치기반서비스를 활용한 서비스산업 혁신전략. 삼성경제연구소.
- 임동진(2012). 21세기의 비즈니스 연금술사 '데이터 사이언티스트'. http://www.dbguide.net/knowledge.db?cmd=view&boardConfigUid=19&boardUid=165782
- 정용찬(2012). 빅데이터 혁명과 미디어 정책 이슈. 정보통신정책연구원.
- Berg Insight AB (2012). Location-based advertising and marketing.
- MGI (McKinsey Global Institute) (2011). Big data: The next frontier for innovation, competition, and productivity.
- Nasscom(2012). Big data: The next big thing.

42

2) 빅데이터의 체험사례 발표 2

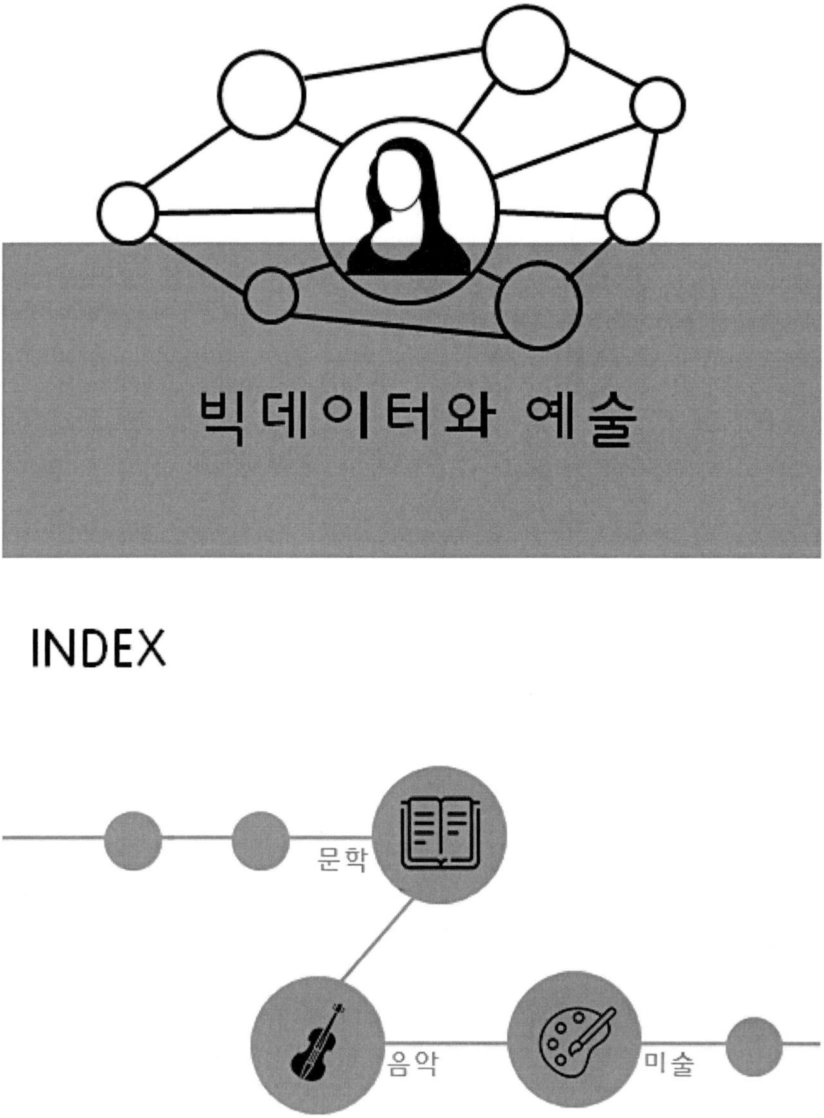

빅데이터와 문학

문학 : 디지털 인문학

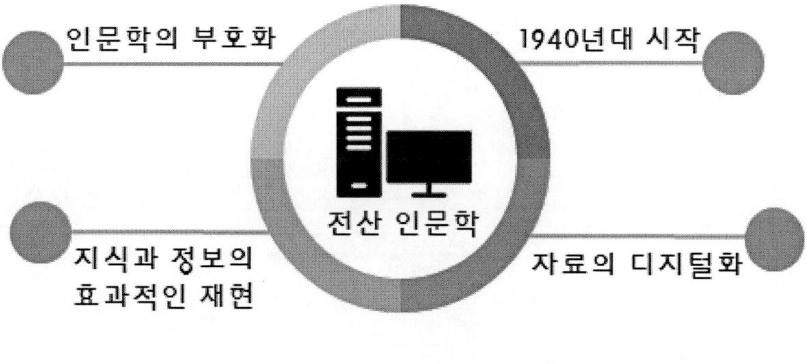

문학 : 디지털 인문학

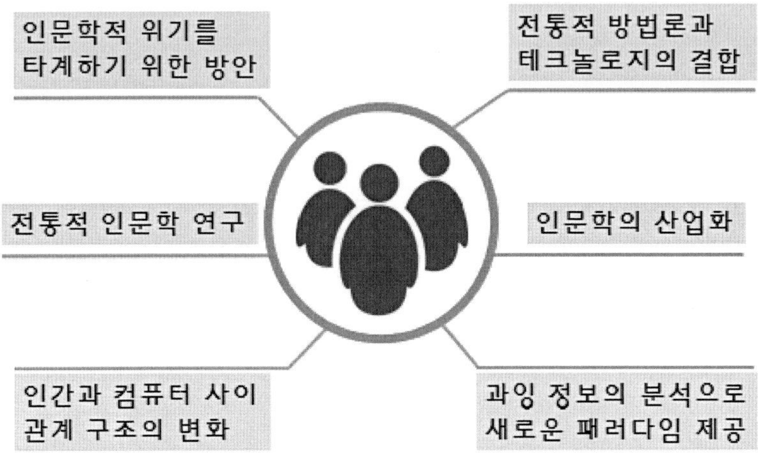

문학 : 김수영 문학 연구

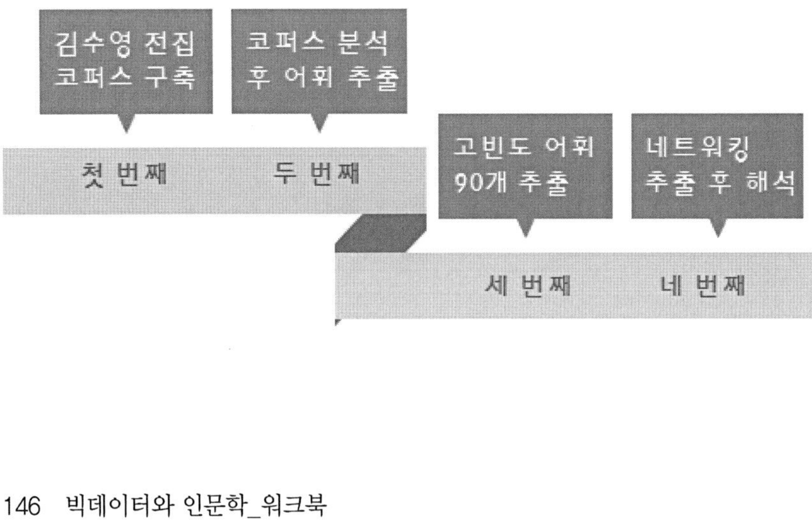

문학 : 김수영 문학 연구

1 공기어 네트워크 구축

김수영 작가의 삶이나 의식을 드러낼 수 있는 주요 어휘 대상

2 어휘 사용양상 고찰

김수영 시인이 지닌 어휘 사용의 의식적/무의식적 배열 고찰

3 작가의 삶과 의식 고찰

시어에 나타난 작가의 삶의 의식 시각화 및 해석

문학 : 스토리텔링

모티프 연계

- 복수의 모티프 연계
- 확장의 제한 없음
- 모티프와 빅데이터

빅데이터와 음악

음악 : 고전음악 네트워크

카이스트
박주용 교수

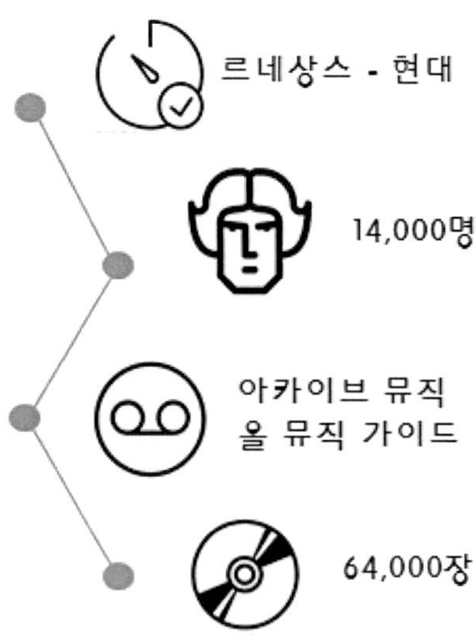

음악 : 고전음악 네트워크

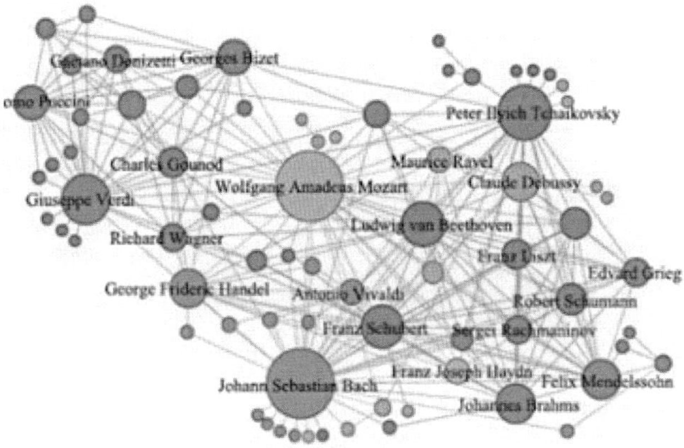

음악 : 고전음악 네트워크

1 모든 작곡가들은 평균 3.5단계를 거치면 연결

✓ 예술가는 혼자 작품을 만들어내지 않는다
✓ 예술가 사이의 연결망은 시공간을 초월한다

2 작곡가들의 비중을 과학적으로 계산 가능

✓ 바흐 1551명, 모차르트 1086명과 연결, 평균 15명
✓ 미국 현대 음악의 양대 계파 발견

3 음반 발매 기록을 기반으로, 연결망의 미래 예측 가능

✓ 시간이 지나도 모차르트, 바흐의 연결망은 늘어날 것
✓ 소수에의 집중, 다양성의 확장과 같은 양면성

빅데이터와 미술

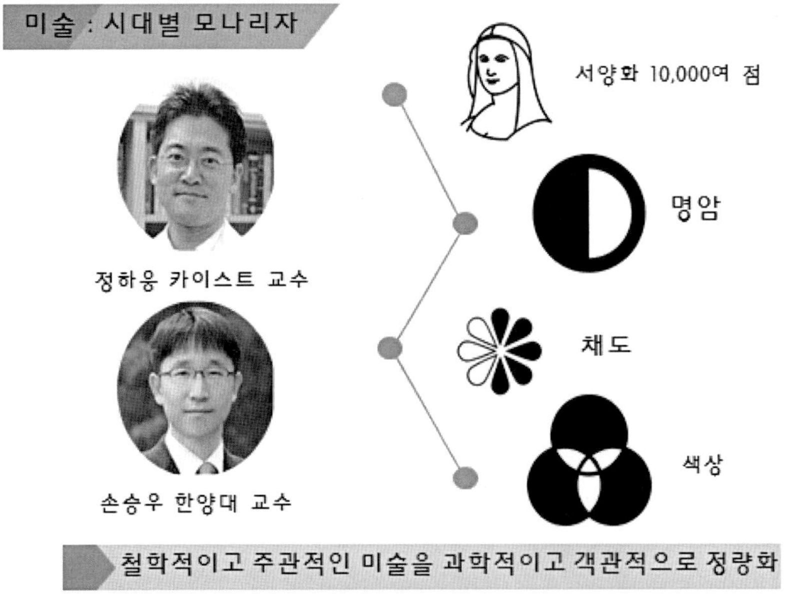
미술 : 시대별 모나리자
서양화 10,000여 점
명암
채도
색상
정하웅 카이스트 교수
손승우 한양대 교수
철학적이고 주관적인 미술을 과학적이고 객관적으로 정량화

미술 : 시대별 모나리자

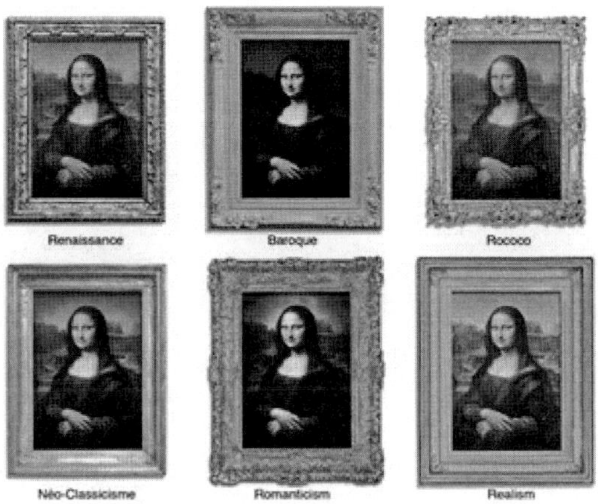

미술 : The next ________

미술 : The next Rembrandt

Step 1	Step 2	Step 3	Step 4	Step 5
렘브란트의 전작 자료화	3D 스캐닝	색상, 채도, 신체의 특징 등 데이터화	딥러닝 알고리즘 제작	조건 설정 후 3D 프린팅

미술 : The next Rembrandt

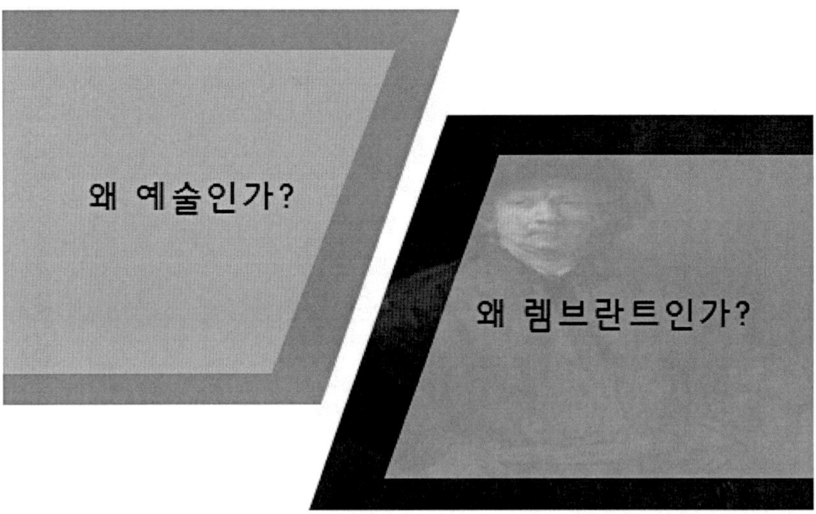

빅데이터와 예술

빅데이터가 예술에 미치는 영향

모든 문화와 예술은 우리의 인지로부터 시작

빅데이터의 발달은 새로운 예술적 인지를 제공

감사합니다

3) 빅데이터의 체험사례 발표 3

〈기업의 빅데이터 활용 사례〉

코오롱 스포츠

코오롱인더스트리 FnC부문(이하 FnC코오롱)은 국내 패션업계에서 빅데이터를 선구적으로 활용하기 시작한 기업으로 손꼽힌다. 2013년 1월 빅데이터팀을 신설하여 국내 패션업계에서 처음으로 출범시킨 것이다.

단적으로 '옷장사'의 가장 큰 취약점은 물건을 더 팔 수 있는데 생산이 따라주지 못하거나, 반대로 너무 많이 생산하는 바람에 재고가 남는 경우가 많다. 통상적으로 패션업계에서는 어떤 품목의 판매율이 60%만 돼도 선방했다고 본다. 80%대면 아주 훌륭한 성과라 할 수 있다.

실제적인 사례를 하나 들어 보겠다. FnC코오롱의 주력 브랜드인 코오롱스포츠 웹사이트에는 하루 평균 2만여명의 고객이 방문한다. 이 방문객들은 웹사이트 곳곳을 돌아다니며 상품정보를 살펴본다. 빅데이터팀은 방문객의 웹사이트 이용정보에 주목했다. 특히 상품정보 클릭 데이터와 실제 상품 판매량 사이에 어떤 상관관계가 있는지를 살펴봤다. 그랬더니 통계학적으로 매우 높은 상관관계가 발견됐다. 즉 웹사이트 상에서 클릭 빈도가 높은 상품은 평균 5~7일의 시차를 두고 실제 매장에서 많이 판매되는 것으로 나타난 것이다.

이 결과를 토대로 빅데이터팀은 각 브랜드 담당부서에 '단기 판매예측 정보'를 제공하기 시작했다. 웹사이트 로그분석(Log Analysis: 웹사이트 방문객의 이용 행태를 분석하는 것)을 바탕으로 판매 증가가 예상되는 상위 50개 품목 리스트를 1주일마다 제공해 담당부서가 추가 생산이나 판매 준비에 신속하게 대응할 수 있도록 한 것이다.

하상호 팀장의 설명이다. "패션업체가 핵심적인 의사결정을 할 때 개인의 경험이나 직관에 대한 의존도를 줄이고 회사가 보유한 데이터 분석을 활용하는 비중을 늘려야 하는 필요성을 입증한 사례라고 판단합니다. 빅데이터 분석 및 활용을 통해 패션업체가 의사결정의 과학화 · 시스템화를 이룰 수 있다는 가능성을 제시했다는 게 중요한 메시지죠."

• 소비자 입장에서 개인적인 공간에서 개인적인 일이라 생각될 법 한 인터넷 쇼핑이 로그인을 통해 기업에게 들키고 싶지 않은 부분을 빅데이터를 통해 그들이 알고 있을 수있다

• 일상생활에 밀접하다 못해 삶에 있어 없어선 안될 부분이 되어버린 모든 것들이 나의 생각과 행동을 스스로도 자각하고 인지하지 못한 상태에서 어딘가에 정보가 보내어지고 그것들은 데이터가 되어 그들의 이익창출에 도움이 되고있다.

• 출처 http://economyplus.chosun.com/special/special_view.php?boardName=C04&t_num=7523

CJ 대한통운 – 스마트 통합물류 시스템

[발행처]한국정보화진흥원 빅데이터 분석활용센터/출처 : 빅데이터 국가전략 포럼

가. 추진 배경

물류기업에 있어서 전문가들은 빅데이터를 '미래 물류시장의 신호를 읽어내는 안테나'로 요약

빅데이터 분석 시스템 구축을 위해 세계적인 물류기업들이 발빠르게 대응

– 최근 DHL이 물류산업에서 빅데이터 활용방법을 소개한 '빅데이터 인 로지스틱스(Big Data in Logistics)'를 발표. DHL '고객예측, 운영효율, 신규사업' 등 변화 3요소 강조

"데이터 설계 및 활용 능력이 물류기업의 성패 좌우할 것"

* DHL : 독일에 본사를 둔 세계적인 종합물류기업

출처 : http://terms.naver.com/entry.nhn?docId=651299&cid=43167&categoryId=43167

* 로지스틱스 : 물류유통 초기 단계에서 생산 단계를 거쳐 최종소지자에게까지 물자가 전달되는 총체적

인 과정을 말한다.

출처 : http://blog.naver.com/sdyeom61/220737722925

* 빅데이터 인 로지스틱스 : 물류산업에서의 빅데이터 활용방법을 소개한 보고서

– 빅데이터가 물류 운송의 최적화 커다란 변화를 가져오고 있음

– 많은 물류 기업들은 이미 빅데이터의 활용능력이 추후 기업의 성패를 가늠할 핵심 경쟁력으로 인식

나. 추진 내용

1. cj 대한통운의 스마트 통합 단말기

– 스마트 통합 단말기에 디지털 운행기록계를 결합해 차량의 위치와 경로, 화물의 상태, 연료 소모량, 속도 등을 실시간으로 파악하고 관제하여 물류 차의 전반적인 관리와 통제를 효과적으로 할 수 있도록 함

그림 73 • CJ 대한통운의 스마트 통합 단말기 사용

–

자료 : CJ 대한통운

– 최적의 운송경로를 찾아 택배 배송기사들에게 지급된 스마트폰과 태블릿 등에 네비게이션 기능을 통해 전달
– 운전자가 화물을 내린 장소에서 가장 가까운 곳에 있는 다른 화물의 정보를 실시간으로 확인할 수 있어 공차율을 낮출 수 있을 것으로 전망
– 디지털 운행기록정보를 분석해 급출발, 급정지, 급가속 등의 10대 안전지표를 관리하여 각종 안전사고를 줄일 계획
– 전체 시스템을 새롭게 하여 정보 수집 및 저장 시스템도 단일화 함으로써 빅데이터를 활용하여 화물비용 관련 데이터를 한 곳에서 처리할 수 있도록 함
– 각종 차량의 수집된 정보는 빅데이터 분석을 통해 연료절감을 위한 노력을 꾀할 수 있고, 물류 효율성을 높일 수 있음
– 빅데이터 분석으로 불필요한 지출을 억제시켜 인력 및 비용절감 효과를 누릴 수 있음

2. 통합물류 시스템 확장 : IBM 파워 시스템즈

– 최근 들어 증가한 택배 물량을 통합적이고 효율적으로 관리하기 위해 파워 7+ 프로세서로 보다 강화된 성능을 제공하는 IBM 파워 시스템즈를 추가적으로 도입 * IBM 파워 시스템즈 : 한국IBM 측은 파워시스템즈가 빅데이터 분석에 특화된 강력한 컴퓨팅 파워를 갖추고 있다고 강조했다. 빅데이터 분

석을 위해 설계된 파워 8 프로세서를 탑재, x86 기반 최신 서버 대비 최대 50배 빠른 데이터 분석 성능과 1천 배 빠른 쿼리 분석시간을 기록했다는 것. 출처 : http://www.itdaily.kr/news/articleView.html?idxno=52824 한국IBM은 CJ대한통운의 택배 시스템 증설을 위해 IBM 파워8 시스템즈를 공급했다고 밝혔다. CJ대한통운은 이번 계약을 통해 추석 물동량 급증에 대비하고 택배 이용 고객 서비스를 강화할 수 있을 전망이다.지난해 하루 200만 상자에 머물던 물동량이 최근 500만 상자의 거래량을 돌파할 정도로 비즈니스가 급성장함에 따라 늘어난 거래량을 수용하기 위해 파워8 시스템즈를 도입했다.CJ대한통운은 기존 IT 인프라에 파워시스템 E870 3기를 더함으로써 하루 700만 상자 이상의 거래량을 수용할 수 있게 된다. 기존 장비 대비 성능이 1.5배 이상 좋아짐으로써 총소유비용이 32%까지 절감할 것으로 예상하며, 추후 장비를 다른 목적으로 재활용할 수 있어 더 경제적이다. 출처 : http://www.itworld.co.kr/news/94526#csidx79079075df75823bf4a7447cce243d8

– 

– 출처 : http://news.naver.com/main/read.nhn?mode=LSD&mid=sec&sid1=105&oid=030&aid=0002278942
– 통합물류시스템 확장을 통해 국내 택배 물동량을 사전에 예측하고 선제적으로 관리함으로써 운영 효율성과 안정성을 증대
– 추석, 설날 등 택배 물량이 급증하는 성수기에 대비한 처리 용량을 확보해 갑작스러운 시장 변화에도 새로운 추가 업무에 유연하게 대응

3. MPS 시스템 적용

– 지난 2010년 개발해 물류센터 현장에 적용한 MPS(Multi Purpose System)는 전자태그 기술을 적용해 입고/출고/재고조사 등의 작업 시 해당 상품과 수량을 작업자에게 자동으로 알려줌으로써 효율성과 정확도를 한층 향상시킬 수 있는 시스템이다. 의약품, 건강음료 제조사인 A사의 경기도 군포복합물류센터에는 CJ대한통운이 개발한 MPS 시스템이 적용돼 있다. 물건을 보관하는 선반인 랙에 단말기를 부착한 후 시스템을 통해 작업 지시를 내리면, 해당 위치에 있는 단말기에 자동으로 작업 대상 상품과 수량이 표시된다. 또 제품

출고 때 상자를 인식장치(R-gate)에 통과만 시키면 제품의 이력이나 수량 등이 파악돼 작업시간이 한결 줄었고 효율성도 향상됐다. 기존에는 제품 출고 시 보낼 지역별로 상자에 포장할 때 일일이 수작업으로 수량과 품목을 확인해가며 이를 진행해 시간이 많이 소요됐고, 정확도 측면에서도 어려움이 있었다. CJ대한통운 관계자는 "MPS 도입으로 현장에서 일일이 종이를 들고 다니며 손으로 체크하며 작업을 할 필요가 없어 기존보다 평균 40% 정도 작업시간을 단축하고 있다"고 설명했다. 특히 MPS는 기존 여타 장비들이 유선으로 연결된 형태였던 것과 달리 무선형태로 설치나 운영 등이 편리하며 초기 도입비용이 45% 가량 저렴하다는 강점이 있다. 연간 4만여 장의 종이를 절약하는 효과는 덤이다.

출처 : http://www.etnews.com/201006300124

4. 쿨가디언

– 실시간으로 측정한 온습도 정보를 서버로 전송하면 이 데이터를 수집해 저온차량 및 물류센터 온습도 관리에 활용하는 시스템이다. 기존에 이용되던 장비는 센서가 유선으로 연결되어 측정 범위에 한계가 있고 설치비용이 상대적으로 높았다. 반면 쿨가디언은 무선통신 방식의 온도센서를 제한 없이 연결할 수 있어 정보 수집 범위를 무제한으로 확장할 수 있고 설치비용도 기존에 비해 약 22% 절감할 수 있다. 또 물류센터나 저온차량 내부에서 발생하는 온습도 차이를 정확하게 파악해 신선식품이나 화장품 등 온도변화에 민감한 제품을 안전하게 관리할 수 있으며 온습도 변화를 관리자에게 실시간으로 알려주고 기준 범위에서 벗어나기 전에 단계적으로 경고 메시지를 전송하는 기능도 탑재되어 한층 효율적인 온습도 관리가 가능하다. 물류센터 등 상황관제실 내부에서도 손쉽게 차량운행현황 정보를 확인할 수 있고 스마트폰으로도 차량주행정보를 실시간으로 볼 수 있어, 사고 예방에 용이하고 문제 발생 시 빠른 대처가 가능하다. 특히 배송시간 및 온도 관리가 생명인 저온물류 분야에서 한층 경쟁력을 강화하고 있다.

▲CJ대한통운 쿨가디언

출처 : 

http://www.ksg.co.kr/news/main_newsView.jsp?bbsID=news&bbsCategory=KSG&categoryCode=all&backUrl=main_news&pNum=109193

출처 : http://logiseconomy.tistory.com/2340

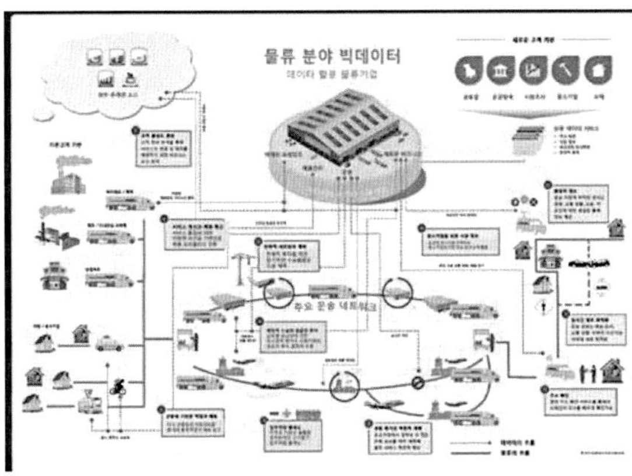

다. 성과 및 시사점

- 통합 물류 시스템 확장을 통해 안정적이고 최적화된 IT 인프라를 마련하고 고객서비스 경쟁력을 한층 더 강화
- 서비스의 속도 향상과 연속성을 보장하는 안정된 기반을 확대해 물류 시스템의 전반적인 퍼포먼스 상승은 물론 운영 및 관리 비용의 절감
- 물류는 돈 버는 툴 (tool)빅데이터는 새로운 비즈니스 모델을 창출하는 실마리를 찾을 수 있다.기상 조건과 독감 발생, 그리고 온라인 구매량 사이의 상관관계를 분석을 통해 고객의 행동을 예측하면, 유통물류시장에 새로운 비즈니스 모델을 찾는 첫 단서가 될 것.궂은 날씨가 온라인 구매량의 증거로 이어지고 이는 물류기업의 물량 증가로 연결 된다. 이런 사실을 통해 기업들은 프로세스를 최적화하여 개선된 고객 서비스를 제공할 수 있고, 새로운 비즈니스 창구를 개발해 시장에서 경쟁우위를 선점할 수도 있다는 설명이다. 출처 : 출처 : http://logiseconomy.tistory.com/2340

〈물류산업에서 빅데이터 활용에 대한 개인적인 생각〉

왜 택배회사에서는 빅데이터를 이용하게 되었을까? 수 많은 정보를 추려서 현상을 예측하고, 예상하고, 전달하는 과정을 왜 시작하게 되었을까?

1. 고객의 불안, 걱정, 신뢰감 때문에
2. 사람이 처리하기에 물량이 많아져서
3. 갑작스런 물량 증가를 대비하고 효율적으로 처리하기 위해
4. 제품을 손상시키지 않고 유지, 보존하기 위해

세상이 흉흉한 만큼 사람들은 자신과 직접적으로 닿는 것에 확신을 얻고자 한다. 택배와 관련해서는 택배기사의 얼굴을, 도착 시간을, 어떤 제품이 배송되는지를 알고 싶어한다. 왜냐하면, 택배 기사를 가정한 살인 사건, 강간 사건 등 사회 범죄들이 발생했다는 소식을 간간히 접하기 때문이다. 그래서 불안에 떨고 있고, 택배를 이용하는 데 걱정을 하는 고객들을 위해 cj 대한통운이 앞장선 듯하다. 평소 고객센터나 인터넷 불만 접수를 통해서 고객들의 다양한 의견들에 대한 빅데이터를 모아 지금의 물류시스템을 만든 것이라 조심스럽게 언급하고 싶다. cj대한통운에서는 최신 몇몇의 기술과 빅데이터를 이용하여 고객들에게 안심할 수 있는 정보를 전달한다. 가령 지금 택배가 어디를 거치고 있는지, 몇 시 즈음에 도착할 예정인지, 누가 전달하는지 등을 인터넷이나 어플 등을 통해 알려준다. 그렇기 때문에 고객이 더 신뢰할 수 있고, 안심할 수 있는 분위기를 만들어 더 자신들의 기업을 찾도록, 더 성장할 수 있도록 만든 것이 아닐까.

물류회사에서 빅데이터를 활용하면서 얻은 이점들은 1. 공차율을 낮춤 2. 안전사고를 줄임 3. 연료 절감 4. 비용 및 인력 절감 5. 국내 택배 물동량을 사전에 예측하고 선제적으로 관리, 운영 효율성과 안정성을 증대 6. 평균 40% 정도 시간 단축 7. 사고예방에 용이 등이 있다. 고객들에게 이점이 된 것은, 1. 편리함 2. 신뢰성 3. 안전함 4. 시간 단축 등이 있다. 이런 점들을 보아 물류회사에서 빅데이터를 더 많이 활용할수록 물품을 분류하고 정리하고, 고객에게 전달하는 데에 있어 효율적이고, 더 편리하고, 더 저렴하고, 더 친숙하게 발전될 수 있을 것이라 생각된다. 그럼으로써 고객들 또한 무서운 세상에서 조금 더 믿고 안심할 수 있는 부분이 생기고, 무거운 것을 직접 옮기지 않고, 전달하지 않는 편리함을, 그로 인해 바쁜 사회 생활에서의 시간 절약을 얻을 수 있다.

모든 것에서 이면이 있듯이, 빅데이터를 이용한 택배 사업도 단점이나 주의해야할 점이 있다. 첫 번째로, 필자가 느끼기에는 이 시대의 삭막함을 보여주는

듯하다. 예를 들어, 과거에의 택배는 택배 기사님들을 직접 만나고, 직접 전달받는 등 전달 과정이 직접적이었지만 현 시대를 보면 대부분 간접적으로 이루어진다. 택배를 문 앞에 놔두고 가거나, 택배보관함에 놔두거나, 전화보다는 문자나 어플로 대화가 이루어진다. 이런 점들을 보았을 때, 너무 바쁘고 너무 삭막한 시대에 살고 있는 것이 아닌가 싶다. 과거엔 직접 마주치며 가벼이 인사라도 하거나 박카스나 음료라도 챙겨줄 때가 있었는데, 지금은 문자로 '감사합니다.' '수고하세요.' 형식적인 문자만 오가는 듯하여 씁쓸하다. 택배기사와 고객 사이에서만 삭막함이 발생하는 것이 아니라 부모와 자녀사이, 친구사이 등 지인들 간에서도 삭막함이 보여진다. 자녀에게 반찬을 보내거나 친구나 부모님에게 선물을 주는 등 이러한 행위를 할 때 상자로서 마음이 전달된다는 것이다. 택배 이용료가 비싸고, 효율적이지 않던 시대에는 부모가 직접 반찬을 바리바리 싸와서 자식들 냉장고에 차곡차곡 넣어주고 얼굴 한번 더 보면서 온정이 오갔지만 지금은 차가운 상자와 통화로 나누는 이야기가 전부이다. 이것 또한 삭막한 현실을 보여주는 듯싶다. 편리함과 시간을 효율적으로 다루는 것도 좋지만 너무 사람과의 정과 대화가 사라진 게 아닌가라는 생각이 든다.

두 번째로, 교통 사고가 증가할 가능성이 있다. 빅데이터를 활용한 많은 정보들은 모두 디지털 기기를 통해 전달된다. 운전 중 기기 사용으로 인한 교통사고가 지금도 있지만 실시간으로 전달해야 하는 교통정보, 고객이나 회사와의 통신 등 이러한 점들이 증가한다면 운전 중 기계 사용이 증가할 것이라 추측한다. 정확한 정보를 위해 실시간으로 통신을 하는 것은 좋지만 운전 중이나 다른 위험할 수 있는 상황에서의 통신, 기계 사용을 규제하는 법안이나 제도가 나와야 한다고 생각한다.

세 번째로, 택배 뿐만 아니라 빅데이터를 이용한 모든 분야에서 언급되겠지만 개인정보에 관련된 부분이다. 택배에서의 고객정보는 자신의 쇼핑 정보–상품명, 쇼핑몰을 이용한 횟수, 마우스가 멈춘 곳 또는 클릭한 곳, 관심상품, 장바구니 등–, 주소, 전화번호 등이 있다. 많은 데이터를 활용하는 만큼, 고객에 대한 정보를 신중하게 다루고, 남용하지 않도록 해야할 것이다.

자동차 고객관계 관리 프로젝트– 현대자동차

가. 추진배경

- 최근 사회 전반에 빅데이터를 활용한 마케팅이 활성화되는 추세에 있고 빅데이터 분석을 통한 마케팅의 긍정적 효과가 검증되면서, 자동차 시장에서도 빅데이터 분석 사업이 본격화되고 있음
- 빅데이터의 활용을 통해 디지털 환경에서 만들어지는 방대한 자료를 분석하려는 사회 현상이 나타나면서 새로운 시각이나 법칙을 발견할 가능성이 증대
- 세계적인 자동차 기업들이 현재 빅데이터 분석사업에 관심을 가지면서 시장 경쟁이 한층 강화될 것으로 예측 현대자동차는 차량의 품질 · 서비스 향상을 위한 노력의 일환으로 빅데이터 분석 사업의 필요성이 증대

나. 추진 내용

사업자 선정과 플랜

- 사업자로서 테라데이터를 선정하여, 2014년 4월에 프로젝트를 마무리 할 예정
- 데이터 뷰석 프로세스 정립과 뷰석 모델 개발을 바탕으로 향후 인프라 구축 등 본 사업에 착수할 예정

VCRM15) 데이터 프로젝트의 목표와 내용

- VCRM 데이터 분석 프로젝트는 차량에서 생산되는 각종 대량 데이터를 체계적 으로 관리
- 실시간으로 쌓이는 다양한 정보를 빅데이터 기술을 활용해 분석 · 활용하기 위한 체계를 갖추는 사업
- 데이터 분석을 바탕으로 제조 프로세스 개선을 통한 생산성 제고, 소비자 서비스 역량 강화, 새로운 비즈니스 창출을 제고
- 제조나 폐기 단계에서 축적한 데이터로 생산효율 · 재활용율 제고도 가능

VCRM 도입에 따른 활용 가능성의 예

- 특정지역에서 준중형차 검색 비중이 늘어날 경우, 해당지역에서의 준중형차 마케팅을 강화 15) 자동차고객관계관리(VCRM : Vehicle Customer Relationship Management)
- 특정 제품을 구입한 사람들이 가장 많이 검색한 검색어를 분석해 소비자들에게 적용할 마케팅 기법을 개발

- SUV를 구입하는 고객의 경우 레져를 고려하는 경우가 많다는 일례를 기반으로 SUV와 레저용품을 묶어 마케팅 전략을 수립
- 특정모델의 자동차와 아기용품을 묶어 마케팅하는 점도 빅데이터 활용의 사례로 이용될 수 있는데, 실제 수입차 주력제품를 구입하는 구매자가 20~30대의 신혼 부부나 자녀가 어리다는 점에 착안하여 아기용품을 함께 마케팅한 결과 그 효과가 상당했다는 점에 착안하여 다양한 마케팅 전략의 수립이 가능
- 센서 데이터 분석으로 판매 차량이 문제없이 운행 되고 있는지, 부품에 이상이 없는지 등을 사전에 파악해 대량 리콜 사태 등을 예방
- 특정 지역에서 운행되는 차량이 공통적으로 어떤 부품을 자주 교체하는지 등을 파악해 서비스 역량을 제고

다. 성과 및 시사점 도출

빅데이터 분석을 활용하여 다양한 소비자의 니즈를 반영하는 특화된 마케팅 고객이 제조사에 대한 문제점을 제기하기 전에 제조사가 문제점을 파악해 고객에 다가갈 수 있고, 실제 어떠한 고민을 운전자들이 가지고 있는지 파악하여 선제적 대응을 가능하게 함

현대자동차 (견해및 분석 · 요약)

VCRM데이터 Project (Vehicle Customer Relationship Management)

SUV-레저용품 마케팅 전략을 수립

20 · 30대 → 아기용품 판매전략 마케팅

분석 및 예측가능할 내용

· A/S직영 대리점 증가, A/S 서비스개선 및 보완

· 안전한 차로 선정되고 리콜사태를 예방

· 기업의 브랜드 가치가 높아짐

· 레저 산업과 유아용품 산업 발전 가능성

· 국가 경제에 발전가능성 → 국가 산업기반 투자육성 및 관련 전문기관 설립 및 전문가 양성 (신소재,미래산업,배터리 등)

· 고객과 커뮤니케이션을 통하여 고객의 불만해소

· 보완과 개선으로 좋은제품, 낮은가격, 효율성증대

· 타 경쟁사와 경쟁력 확보

· 출산율이 증가할지는 미지수
· 작업장 개선 및 불필요한 동선 보완

조사한 정보〈참고만!!!〉

자동차와 함께 주목할 가능성 → 철강 석유화학 기계 전기 자동화 전자 카메라 배터리 안전 및 인체 환경공학 신소재 화학

– 도요타 7대 낭비

1. 과잉생산
2. 작업대기
3. 재고의 낭비
4. 공정(가공) 그 자체의 낭비
5. 이동의 낭비 동작/ 불량/재작업

+또다른 제 생각

· 새로운 산업 발달 석유차 수요감소 전기차, 하이브리드 수요증가 배터리, 블랙박스 및 카메라 안전인체 환경공학과 밀접한 가능성
· 신소재 산업발전(경량자동차) 철의무게 보다 40% 가벼움

이런 차가 이미 있을진 모르겠지만

· 넓직한 수납공간 및 컵홀더와 효율적인 미니선반 및 식사를 즐길수도 있음
· 장기운전자들을 위한 운전습관 교정시스템, 인체공학에 부합한 편안한 자세 유지 허리디스크 통증유발자 감소

Ancestry.com, 온라인 가계도 서비스

생년월일, 출생 · 사망 기록 등 역사적인 기록 자료 및 유전자 정보 등 다양한 비정형 데이터들의 연관성을 분석하고 검색 행적을 기록하여 조상 정보 찾기 서비스를 제공

조상의 얼을 찾아…'뿌리 여행' 인기 조상 흔적 찾는 여행객 늘어 / 전문 웹사이트 · 여행사 등장

미국에서 '뿌리 여행'이 인기다. 자신의 선조, 즉 조상의 발자취를 찾아 떠나는 여행이다. 뉴욕타임스는 '이민자의 나라' 미국답게 전국의 은퇴자들을 중심으로 뿌리 여행을 떠나는 이들이 늘고 있다고 최근 보도했다. 이 매체는 가수 샌타로

사의 세일라 알버트(78)씨와 조카 테리 퓨(60)씨를 예로 들면서 이들은 얼마 전 고조모의 영혼이 숨쉬고 있는 아일랜드로 뿌리 여행을 다녀왔다고 설명했다. 알버트 씨는 여행 후 "집에 온 것 같은 느낌이었다"고 소감을 밝혔다. 알버트 씨의 조상은 지난 1840년대 아일랜드를 휩쓸어 전 인구의 20%를 아사시킨 대기근 시대에 미국으로 이민왔다. 미주리주 스프링필드에 사는 한 70대 남성은 부인과 함께 2년 전 뿌리인 독일을 방문했다. 그는 앤시스트리닷컴(www.ancestry.com)과 마이헤리티지닷컴(www.myheritage.com)등 족보와 뿌리 관련 웹사이트들을 방문해 각종 정보를 찾았다. 앤시스트리닷컴은 전세계 200만 명의 회원을 보유하고 있다. 조상의 얼을 찾아 떠나는 뿌리 여행객들이 늘자 이를 전문으로 기획하는 여행사들도 하나둘씩 늘고 있다. '유러피언 포커스', '마이 아일랜드 패밀리 헤리티지' 등이 대표적이다. 유러피언 포커스는 아예 족보학을 연구하는 학자까지 고용해 여행객들의 뿌리찾기에 힘을 쏟고 있다. 애리조나주립대 댈런 티모시 교수는 "조상의 얼을 찾는 여행은 본인과 조상을 연결하는 하나의 방법"이라며 "급변하는 이 시대의 본인의 정체성을 확인하는 길이기도 하다"고 설명했다.

[기사출처] LA중앙일보/20160801/박상우 기자

(http://www.koreadaily.com/news/read.asp?page=4&branch=NEWS&source=LA&category=lifenleisure.travelnhobby&art_id=4479180)

1. 추진목적 및 배경

(1) 방대한 인구 데이터를 저장하고 공유할 수 있는 기술의 발전과 이를 활용하려는 비즈니스 발생

- 미국, 호주, 캐나다 등 이민자들로 형성된 나라에서 자신의 뿌리 찾기에 대한 관심 증가
- 고성능 문서스캔과 이를 판독 및 분석할 수 있는 다양한 기술이 발전되고, 미국에서는 이민입국심사 서류, 재판기록 등 각종 공문서가 일반에 공개가 가능해짐
- 이에 Ancestry.com은 미국과 캐나다, 유럽, 호주에서 고객의 뿌리를 찾아주는 비즈니스 모델을 개발하여 사업을 전개하였으며 현재 200만 명 이상의 회원을 보유

(2) 가족(조상) 히스토리 정보를 구축하고 개인별 맞춤 서비스를 제공하기 위한

데이터 스토어 구축작업 시작

- 생년월일, 출생 및 사망 기록, 센서스, 군적기록, 이민 기록, 전쟁 등의 역사 기록 까지 총 120억 건의 방대한 데이터베이스 축적
- 고문서 연구기관이나 지방자치단체의 허가를 받아 자료 저작권을 직접 매입하여 활용하는 등 데이터 출처를 다양화
- 축적된 데이터는 4페타바이트급으로 10페타바이트(10,000,000GB) 데이터 저장소에 보관 중

2. 추진 내용

(1) DNA 시퀀싱을 통한 조상 찾기 서비스 제공

- 회사는 고객이 보내온 타액이 담긴 튜브에 대해 개별적으로 분자테스트를 하여 유전적 데이터를 축적하고 DNA 시퀀싱3) 정보분석을 시행
- 모든 AncestryDNA 고객의 경우, 70만 개의 SNP(DNA에 있는 개인 식별이 가능한 변수 영역)들이 측정되며, 이 정보는 회사가 보유한 DNA정보가 있는 모든 가입자들과 비교되어 측정 $99로 전체 DNA분석의 1/10 가격으로 유전자 분석을 수행
- 사용자의 민족을 예측하고 데이터베이스 내의 친척들을 확인하기 위한 컴퓨터적인 분석도 함께 수행

(2) 고문서와 온라인상의 조상관련 정보 서비스 제공

- 크롤링(Crawling)을 통해 수집된 디지털 데이터, 스캔된 행정 문서를 활용하여 작성된 온라인데이터베이스에 사용자들이 제공한 데이터를 결합하여 조상과 관련된 콘텐츠 서비스를 제공
- 빅데이터 기술을 활용하여 기록간의 연결고리나 검색 관련 알고리즘 같은 규칙과 절차를 확립. Ancestry.com의 검색 결과는 전략적으로 연결된 기록들과 과거 검색 행동을 기반으로 이루어짐
- 연관어 검색 등 검색 기술도 다양하게 반영하여 검색 정확도를 높였으며 최근에는 방대한 양의 사용자 정보도 추가로 유입하는 등 정확도를 높이기 위한 작업을 지속적으로 진행

[그림] Ancestry.com의 주요내용

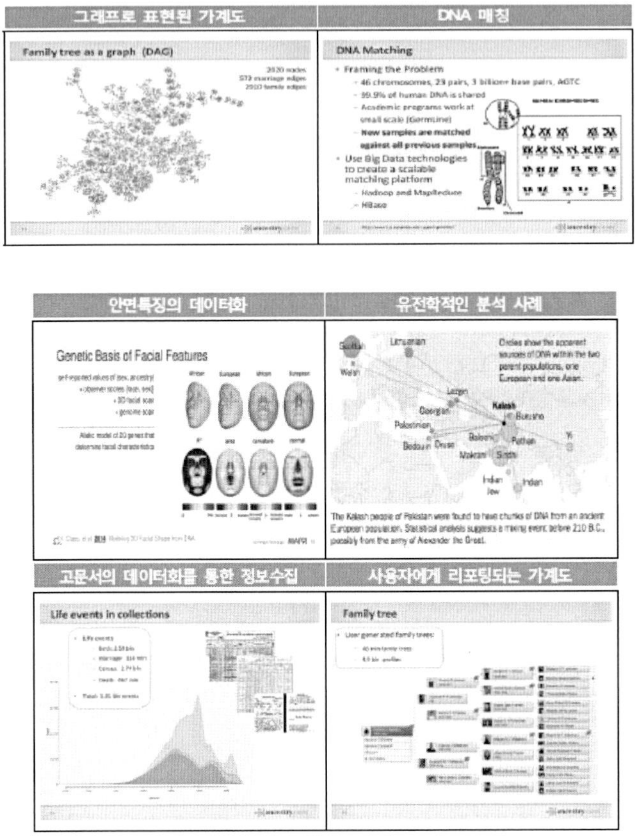

(3) 고객서비스의 향상을 위해 서비스 사용현황과 고객 사용기록을 파악

- 현재 서비스의 사용 현황을 모니터링하여 특정 서비스 혹은 인프라의 문제점을 탐지 및 확인
- 어느 부분에 새로운 콘텐츠가 투입되고 만들어져야 하는지를 검색 행적을 통해 파악하여 콘텐츠 제공 방향을 결정하기 위한 자료로 활용
- 사용자의 불만족 시점이나 서비스 탈퇴 시점을 분석하여 고객 서비스 향상에 활용
- 사용자가 정당한 목적으로 웹사이트의 정보를 이용하는지 확인하기 위한 보안상의 목적으로도 활용

[그림] Ancestry.com에서의 사용자 패턴분석

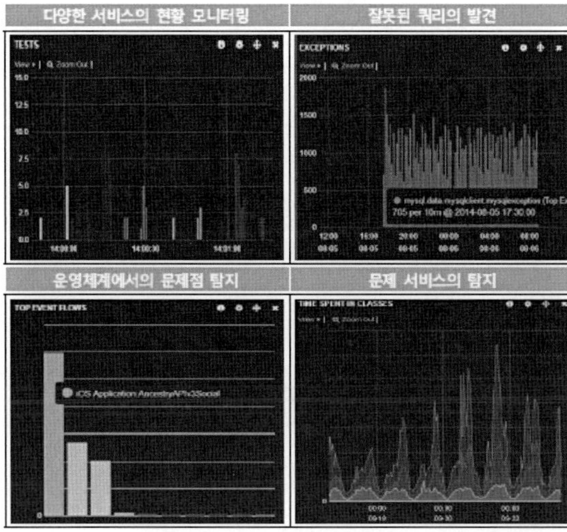

자료: Ancestry.com

(4) 다양한 소스로부터 추출된 페타바이급 데이터를 관리하기 위한 빅데이터 시스템 구축

- 약 10PB의 데이터를 마이닝하고, 대량의 DNA 데이터를 다루기 위해서는 대규모의 데이터를 분산 · 병렬처리 하는 것이 효과적이라 판단
- 서비스 데이터의 일부를 3개의 클러스터로 분리해 프로세스하고 있으며 하둡의 분산 처리기술을 통해 빠른 핸들링
- 3개의 클러스터는 각각 DNA 매칭을 위한 데이터 마이닝, 머신러닝, 단순 데이터 구축을 위한 용도로 구성
- 서비스의 중단 없이 지속적인 운영을 위한 고가용성이 매우 중요했으며 이에 MapR의 고가용성 JobTracker 활용
- 이를 통해 다른 업무를 동일한 클러스터 상에서 처리하는 것을 가능하게 하였고, 시각적인 사용자 인터페이스와 클라이언트 구성 능력, 빠른 처리 등이 가능해짐

3. 효과 및 향후 적용 확대 방안

(1) 향상된 디지털 이미지 처리 기술을 활용하여 정교한 사용자 데이터를 확보하고 모바일 특화 서비스를 개발

(2) 기업적 목적이 아닌 개인의 흥미를 위한 빅데이터 활용의 대표 사례로 개인

의 성향, 취향, 미래 정보, 여행지 제안 등 비슷한 사례로의 무한한 확산이 기대

– 개인이 알고 싶어 하는 맞춤화 되고 최적화된 검색 결과를 제시하기 위해서는 다양한 데이터 소스를 연계하고 축적하는 노력이 필수

(3) 이미 축적된 데이터뿐만 아니라 검색, 결제 등 개인의 활동을 통해 발생되는 사용기록 데이터를 활용해 새로운 빅데이터 분석서비스를 제공

[출처] 미래창조과학부, 한국정보화진흥원, 빅데이터전략센터, 2015년 빅데이터 글로벌 사례집

Ancestry.com에 대한 나의 생각

시사점1: 개인이 손쉽게 빅데이터를 활용할 수 있게 됨.
기업적 목적이 아닌 개인의 흥미를 위한 빅데이터 활용의 대표 사례로 개인의 성향, 취향, 미래 정보, 여행지 제안 등 비슷한 사례로의 무한한 확산이 기대된다.

시사점2: 누가? 위에서 말한 개인은 주로 누구인가? 은퇴연령

–출처: 메리. S. 펄롱, 시니어 마켓을 선점하라, 미래의 창(189쪽)

데이비드는 베이비붐 세대들의 경우 가처분소득 수준이 높고, 여가 시간이 많기 때문에 족보와 관련된 제품에 많은 관심을 보일 것으로 전망했다. 마이패밀리닷컴은 자신의 뿌리에 대해서 알고 싶어하는 기본적인 욕구를 충족시키고 있다. "우리의 뿌리와 선조들이 우리를 위해서 어떤 일을 했는지 기억할 때에 우리는 그들에 대한 감사함으로 충만해집니다. 그럴 때에 사람들은 더 선하고 좋은 일을 하려고 하지요. 마이패밀리닷컴의 비전은 사람들로 하여금 조상으로부터 물려받은 가치를 기억할 수 있도록 돕는 것입니다."

가족 역사 찾기 사이트에 대한 아이디어는 엔세스트리닷컴을 설립하고 온라인에서 가족과 관련된 역사 기록들을 검색할 수 있도록 한 폴 앨런에게서 시작되었다. 65세 이상 인터넷 사용자의 경우 조상이나 뿌리 찾기에 대한 검색을 즐겨 한다. 자연스럽게 마이패밀리닷컴은 연령대가 높은 사람들이 주 사용자들이며, 그 중 60퍼센트가 여성들이다. 데이비드는 커뮤니티 형성이 가능하고, 콘텐츠가 축적되기 때문에 마이패밀리닷컴은 시간이 지날수록 가치를 더해가는 사이트라고 말한다. "비슷한 가족 배경과 친척을 가진 사람들을 연결시켜 주는 것이 우리 사업의 가장 큰 장점입니다. 따라서 콘텐츠만으로는 승부할 수 없으며, 콘텐츠와 커뮤니티를 동시에 살찌우는 것이 경쟁력이 될 수 있습니다."

시사점3. 조상의 얼을 찾아 떠나는 뿌리 여행객들이 늘자 이를 전문으로 기획하는 여행사들도 하나둘씩 늘고 있음. 예: '유러피언 포커스', '마이 아일랜드 패밀리 헤리티지'

시사점4. 이미 축적된 데이터뿐만 아니라 검색, 결제 등 개인의 활동을 통해 발생되는 사용
기록 데이터를 활용해 새로운 빅데이터 분석서비스를 제공

시사점5. 향상된 디지털 이미지 처리 기술을 활용하여 정교한 사용자 데이터를 확보하고 모바일 특화 서비스를 개발

시사점6. 다문화 사회 속 우리가 가져야 할 태도를 시사
= 문화간 감수성 키우기
= 뿌리(정체성)을 인정하고 존중하기
→ 한국사회 다양성을 지닌 사회로 변모하고 있음: 다문화 사회로의 전환
→ 다양성을 인정하며 통합성을 이끌어 내야할 것.

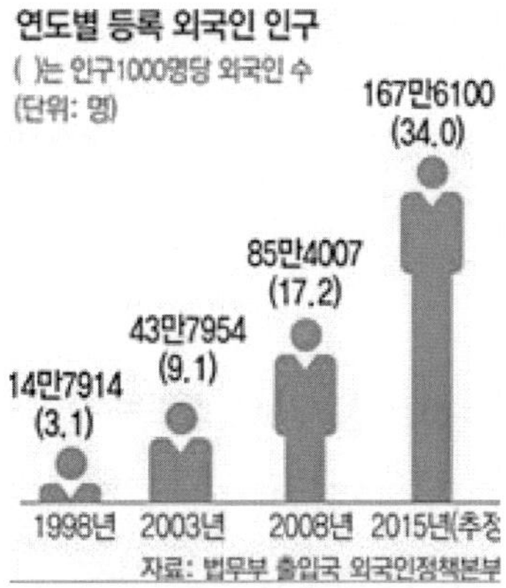

→ 이를 통해, 다양한 민족. 인종. 문화의 이해와 포용을 통하여 한국사회의 역량을 키워나가야 함

정부, 빅데이터 산업 키우느라 개인정보 보호는 '뒷전'

선진국 개인정보 보호 강화 추세… EU · 영국, 재식별 강하게 규제

[뉴스토마토 윤석진기자] 정부가 개인정보 보호를 뒷전으로 미룬채 빅데이터

산업을 키우는 데 급급한 모습을 보이고 있다는 지적이 나오고 있다. 기업이 개인정보를 자유로이 이용 및 제공할 수 있게끔 허용해 주는 가이드라인을 도입하는 등 보호장치를 하나 둘씩 해체하는 모양이라는 것이다. 더욱이 정부가 빅데이터 시대를 맞아 개인정보 보호 조치를 강화하는 세계적인 흐름에 역행하고 있다고 의견도 제기됐다.

경실련 시민권익센터, 진보네트워크센터, 한국소비자단체협의회 등 시민단체들이 11일 정부가 빅데이터 산업 활성화를 명분으로 개인정보 보호를 불필요한 규제로 간주하는 우를 범하고 있다고 지적했다.

시민단체 관계자는 "정부가 산업계의 이익을 위해 국민의 개인정보를 개인의 것이 아닌 것으로 추정해 주겠다는 '비식별 정보'란 개념을 내놨다"며 "가명처리 등 기술적으로 알아볼 수 없게 처리하면 마음대로 써도 된다는 뜻인데, 이는 유럽과 미국 등 해외 선진국들이 소비자 보호 조치를 강화하는 것과 대조된다"고 말했다.

현재 정부는 빅데이터 활성화 차원에서 기업이 지닌 개인정보를 '비식별 조치 가이드라인'이란 절차를 거치기만 하면 이용 및 제공이 가능하도록 허용하고 있다. 즉, 누군지 알아볼 수 없게끔 개인정보를 '비식별화'하면 그 정보의 주인인 개인의 동의 없이도 이용하거나 제3자에게 제공해도 된다는 것이다.

정부는 지난 6월 30일 이같은 내용의 가이드라인을 발표하고, 그 타당성을 증명하기 위해 미국과 영국, 유럽연합(EU) 등 해외 사례를 소개했다. 가이드라인에는 "미국, 영국 등 주요 선진국은 데이터 산업 활성화를 위한 정책을 추진하는 중"이라고 언급하고 있다.

그러나 시민단체들에 따르면 정부의 발표와는 반대로 미국은 기업의 빅데이터 사용으로 소비자의 권리가 위축될 것을 우려해 정보주체 선택권 보장 방안을 제도화하고 있다.

실제로 지난 4월 1일 미 연방통신위원회(FCC)는 통신소비자 정보를 마케팅 목적으로 이용할 경우 '옵트인'을 도입하는 규칙안을 입법 예고했다. 옵트인은 당사자가 개인 데이터 수집을 허용하기 전까지 그 당사자의 데이터 수집을 금지하는 제도다.

EU도 개인정보 보호를 강화하는 추세다. EU의 제29조 개인정보 보호 작업반(Article 29 Working Party)은 개인정보를 익명화하더라도 예외없이 개인정보로서 보호할 것을 권고하고 있다. 사물인터넷의 경우에도 EU는 최종 이용자의 동의권 등 정보주체의 권리를 보장하고 있다.

이웃 나라인 일본의 경우도 '해당 개인정보를 복원할 수 없도록 한다'는 원칙에 기반해 개인을 식별할 수 없도록 규제하고 있다.

재식별 가능성이 '현저하지 않은 정도'를 개인 동의 없이 빅데이터에 활용할 수 있게 허용한 것도 문제로 지목된다.

EU는 '더 이상 개인을 식별할 수 없는 정보'를 빅데이터에 쓰고 있으며, 우리나라처럼 재식별 가능성이 현저하지 않은 정도의 정보는 개인의 동의를 받도록 규제하고 있다. 영국도 EU처럼 재식별 위험이 매우 낮아야 한다는 규정을 두고 있다.

그럼에도 정부는 EU와 동등한 수준이거나 더 엄격한 수준으로 개인정보를 보호하고 있다며 자화자찬하고 있는 실정이다.

진보네트워크센터 관계자는 "한국의 경우 반복적인 개인정보 대량 유출과 주민등록번호의 무분별한 사용으로 인해 국민 한 사람 한 사람의 개인정보에 대한 식별성이 매우 높은 상태"라며 "정부는 빅데이터 산업 발전과 개인정보 보호는 함께 추구해야 할 것"이라고 말했다.

한편, 금융위원회 관계자는 "비식별 조치 가이드라인은 여러 부처가 함께 모여서 만든 빅데이터 활성화 방안"이라며 "일부 단체에서 개인 정보 보호를 우려하는 데, 그런 단체를 불러다가 누구인지 식별해 보라고 시키고 싶다. 반대를 위한 반대는 지양해야 할 것"이라고 말했다.

- [기사출처] 윤석진, 정부, 빅데이터 산업 키우느라 개인정보 보호는 '뒷전', 뉴스토마토, 2016.09.11
- (http://www.newstomato.com/readNews.aspx?no=688879)

4) 빅데이터의 체험사례 발표 4

〈빅데이터 활용한 '자아' 분석 사례〉

빅데이터와 인문학
-대학생인 '나'의 삶과 빅데이터-

목차

1. 데이터 수집
2. 데이터 분석(예상)
3. 데이터 분석(실제)
4. 데이터를 통한 우리사회
5. 결론

01 데이터 수집

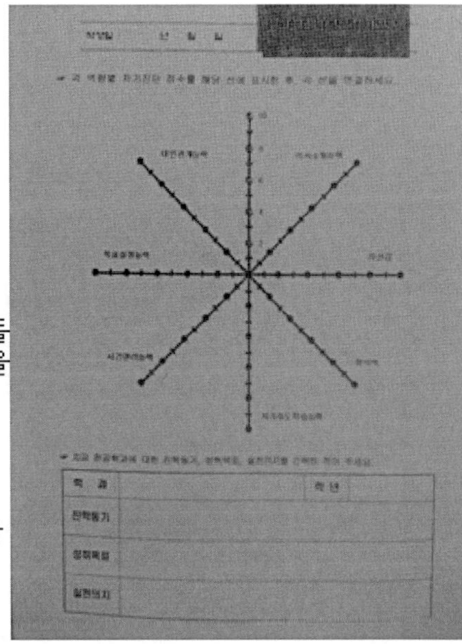

오른쪽에 있는 설문지를 통해
각 학과의 학생들에게
설문조사를 실시함!

학년은 고정되지 않았으며 학생들
정직한 마음으로 조사에 임했음을
미리 알림!

또한 간단한 정보를
조사하기 위한 것으로
학생들의 익명성이 보장되었음을
알림!

02 데이터 분석(예상)

학생들은 자신만의
특성으로 대학을 왔으므로
학구열이 더 높을 것이다!

학생들은 그 열정을 바탕으로
자신의 꿈에 대한
목표 지속력이 높을 것이다!

학생들은 스스로의 전공과
관련된 직업으로
취직할 것이다!

03 데이터 분석(실제)

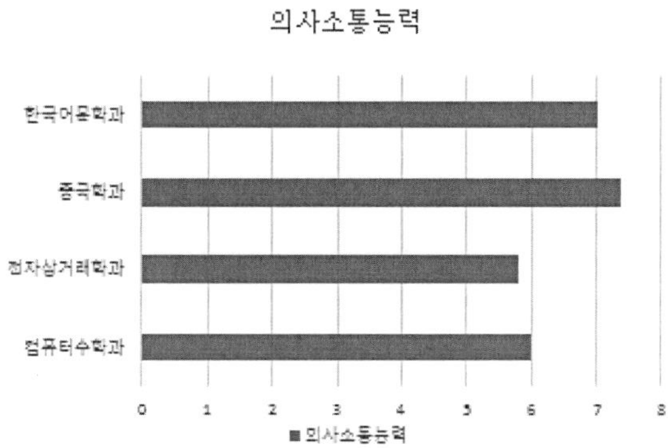

03 데이터 분석(실제)

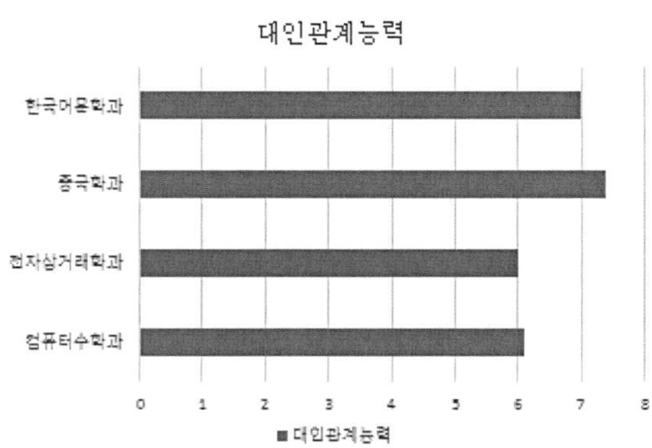

03 데이터 분석(실제)

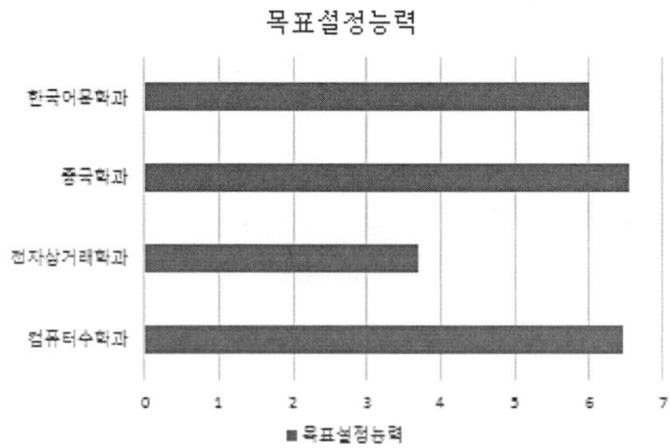

03 데이터 분석(실제)

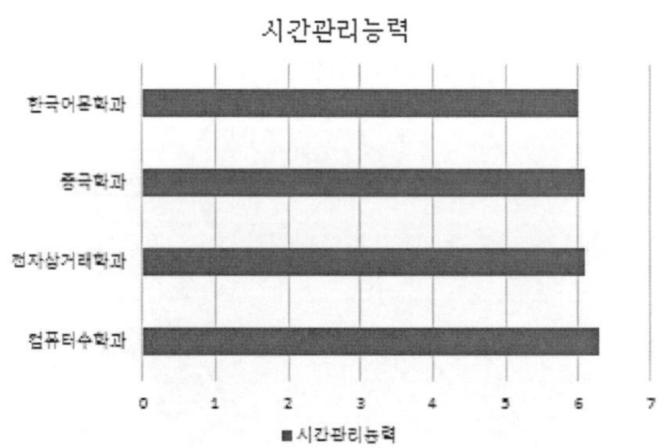

03 데이터 분석(실제)

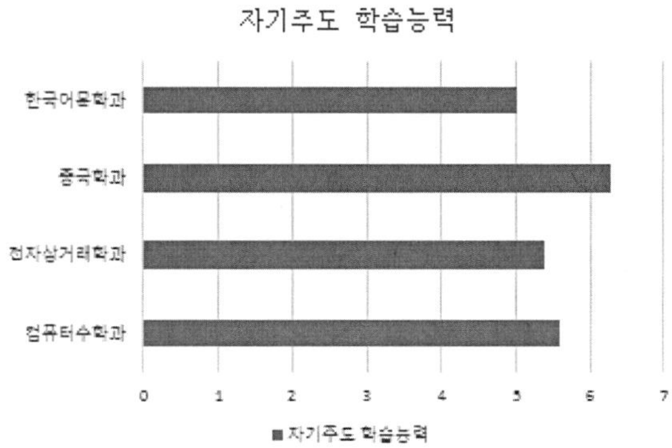

03 데이터 분석(실제)

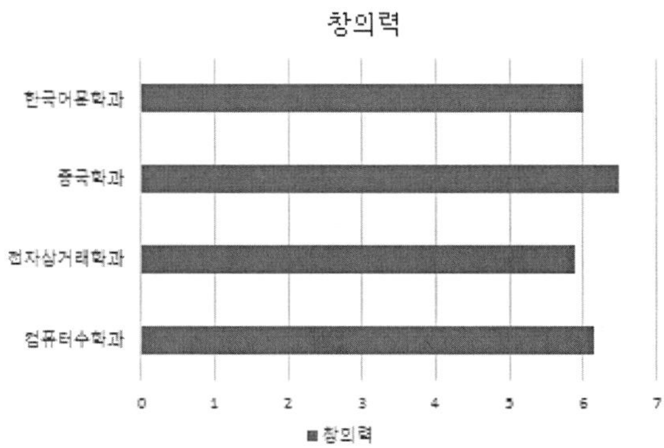

03 데이터 분석(실제)

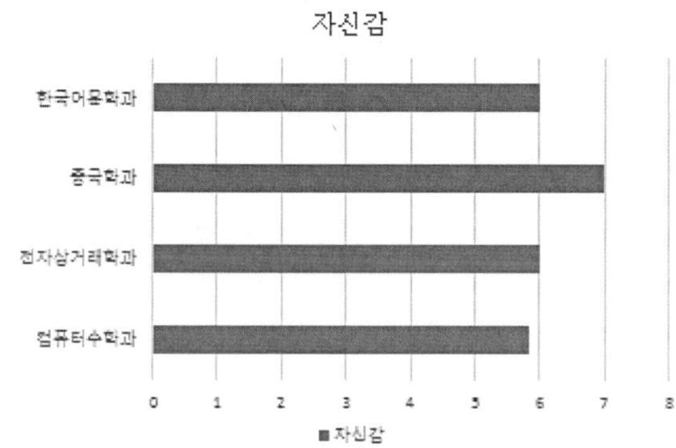
자신감
한국어문학과
중국학과
전자상거래학과
컴퓨터수학과
0
1
2
3
4
5
6
7
8
■ 자신감

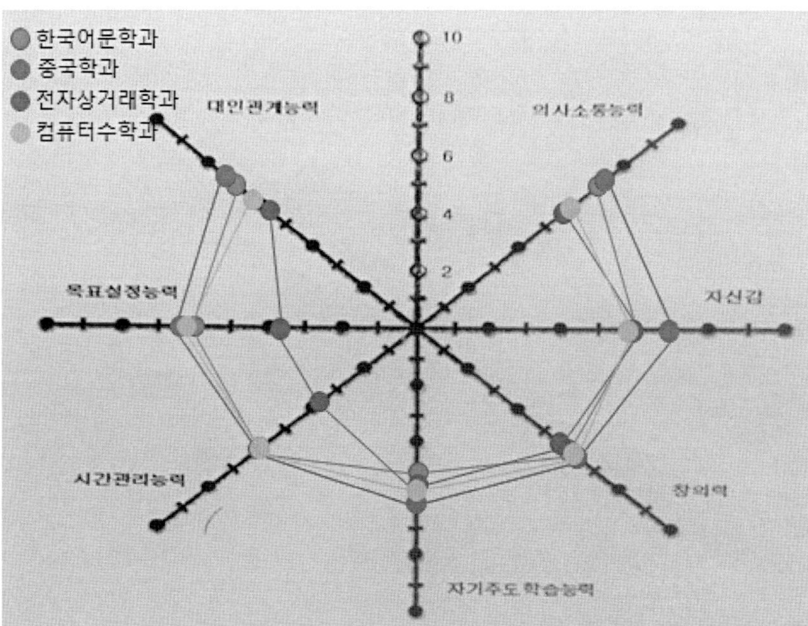
한국어문학과
중국학과
전자상거래학과
컴퓨터수학과
10
8
6
4
2
대인관계능력
의사소통능력
목표설정능력
자신감
시간관리능력
창의력
자기주도 학습능력

03 데이터 분석(실제)

가장 높은 영역	VS	가장 낮은 영역
한국어문학과: 의사소통능력 중국학과: 대인관계능력 컴퓨터수학과: 목표설정능력 전자상거래학과: 시간관리능력		한국어문학과: 자기주도 학습능력 중국학과: 시간관리능력 컴퓨터수학과: 자기주도 학습능력 전자상거래학과: 목표설정능력

04 데이터를 통한 우리사회

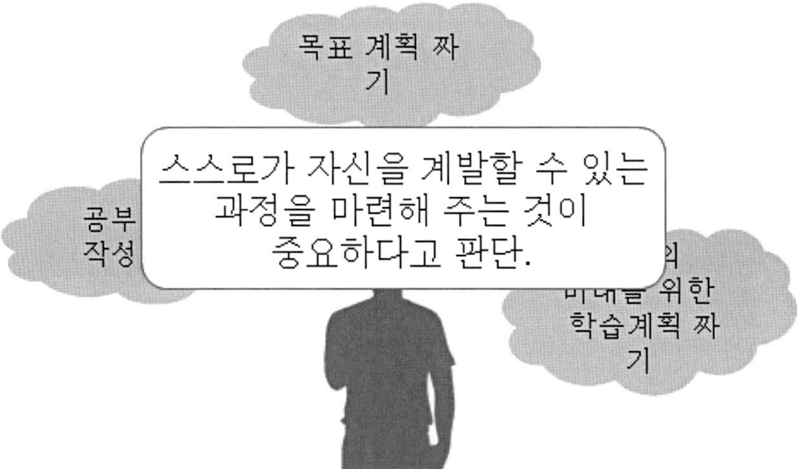

04 데이터를 통한 우리사회

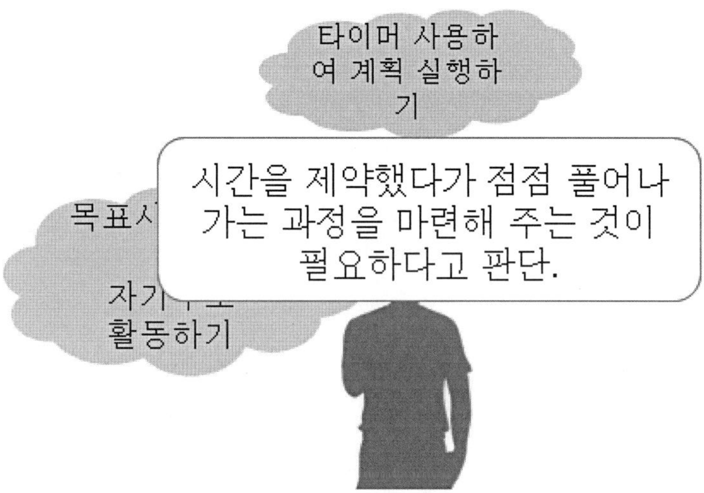

04 데이터를 통한 우리사회

04 데이터를 통한 우리사회

2014년의 경우

배우자

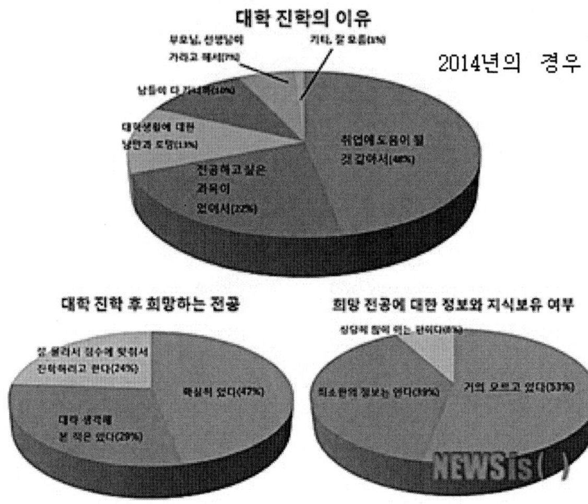

100%

04 데이터를 통한 우리사회

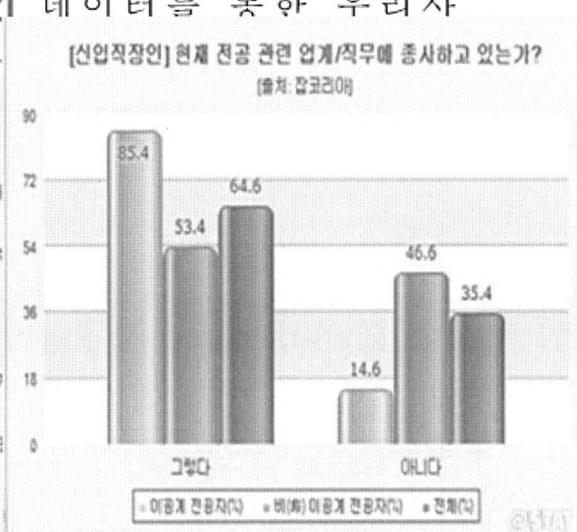

04 데이터를 통한 우리사회

https://www.youtube.com/watch?v=YNrNMCQyO34

http://tvcast.naver.com/v/492316

05 결론

학생들 대다수는 공부나 자신의 목표에 대한 실천의지는 많은 편이었다! 그러나 구체적인 계획 작성능력이 부족함을 알 수가 있다.
또한 전공과 진로에 관한 연관성이 통계를 보면 알 수 있듯이 한 쪽으로 치우쳐 있다.
이런 문제를 해결하기 위해서는 국가, 학교는 전공과 진로의 연관성을 살려 취업할 수 있는 방법을 찾아줘야 하며 학생들은 스스로의 길을 잘 가꿔가는 방법을 1차적으로는 자기자신이, 2차적으로는 국가나 학교를 통해 찾아봐야 한다는 결론을 낼 수 있다!

06 Q&A

정가 13,000원

빅데이터와 인문학

2017년 2월 20일 초판 인쇄
2017년 2월 28일 초판 발행
저　자 : 오연희
발행자 : 우명찬 · 송　준
발행처 : 홍릉과학출판사
주　소 : 서울시 강북구 인수봉로 50길 10
01093
등　록 : 1976년 10월 21일 제5-66호
전　화 : (02) 999-2274~5, 903-7037
팩　스 : (02) 905-6729
e-mail: hongpub@hongpub.co.kr
http://www.hongpub.co.kr
ISBN: 979-11-5600-510-0

저자와의 협의하에 인지생략